子育て，保育，
心のケアにいきる
赤ちゃん観察

鈴木龍・上田順一：編

金剛出版

はじめに

上田順一

　この本を手にとっているかたがたは，赤ちゃんと赤ちゃんのママを支援するさまざまな専門職のかた，また，今まさに赤ちゃんをだっこしているママたちだと思います。そのようなかたがたに，この本を読むうえでの簡単なガイドと思って，このはじめにを読んでいただけたらと思います。

　まずこの本は，赤ちゃんと赤ちゃんのママの生活の一部を，しかもその生活における情緒的なやりとりに注目することを出発点として，子育てや保育，さらには心のケアについて考える機会を提供したい，という思いで作りました。子育てや保育では，「にこやかほがらかに，そして楽しく」という心持ちが重要であることは間違いありません。しかしながら子育ての「にこやかほがらかに，楽しく」の心持ちを下支えしているのは，時としてママが赤ちゃんと一緒にいること自体，つらい気持ちになったり，苦しい思いをするのが自然な成り行きであり，その成り行きを見つめ，その意味を子育てという生活の一部として考えてくれる存在が必要である，ということをこの本ではお伝えしています。その意味でこの本は，公園でおさんぽしている赤ちゃんとママに対して，通りすがりの微笑ましい視線を送ることとは次元を異にしているかもしれません。

　各章およびコラムの執筆者たちは，日頃子どもたちとその子どもたちに関わる大人を支援するために，さまざまな職種，さまざまな支援場面で仕事をしています。その中でこの本を書いているモチーフはそれぞれ違うことと思いますが，確たる共通点があります。それは第一に，各執筆者がタビストック方式乳幼児観察を経験している，ということです。そして第二

に，フロイトの実践や思考を源泉とする精神分析的な観点を持ち，医師として，心理士として，医療，保育や幼児教育，教育等の現場で仕事をしているということです。フロイトという人物名が出てきましたが，フロイトは高等学校倫理の教科書に登場する人物の一人であり，デカルトやカントの思想のように理性を重んじる考え方とは違い，人間の意識の奥底にある無意識を探求した人物，という理解が一般的でありましょう。そのフロイトが無意識を探求するために取り組み続けたことの一つは，治療者が，そこにいる人物（患者）が面接室に持ち込んでくる状況すべてにおいて，ただひたすらにその状況に注意を向けるということです。このただひたすらに注意を向けるということが，この本で一貫して描かれているタビストック方式乳幼児観察の基本となります。

　さて，第1章ではイギリスでタビストック方式乳幼児観察を経験し，帰国してから日本において乳幼児観察グループを20年以上継続している鈴木が「赤ちゃん観察」について解説します。第2章は，タビストッククリニックに留学され，帰国されてからは日々の診療において，乳幼児から思春期までの精神分析アプローチを実践されている木部則雄先生にご執筆いただきました。この章では，乳幼児観察の知見で得られるエッセンスをいかにアセスメントに利用するか詳述されており，精神医学や精神分析だけでなく，広く心理臨床に携わる支援者が身につけるべき観点が書かれています。第3章では，ママと赤ちゃんの情緒的な交流を観察する場面で，その場面に居合わせる観察者自身激しい情緒の嵐に巻き込まれ，その情緒的な嵐の中で観察者が生き残っていくこと（観察者の立ち位置を回復すること）の意味を描いています。第4章は，子育てや保育において，赤ちゃんが関心を指し示すことに注意を払い，それそのものを赤ちゃんと一緒に情緒を持って眺めること，それは共同注視とも言われますが，その共同注視の根本に触れています。第5章では，幼児教育の専門家であり，心理士であり，子育て中のママとしての立場で乳幼児観察がいかなるものか，対談形式で語られます。第6章では周産期の現場で働く心理士の立場で乳幼児観察を経験し，その経験をいかに周産期の現場に還元していくか考察して

います。第6章ではそのコラムとして，周産期の現場の第一人者である橋本洋子先生に豊富な経験をもとに周産期医療と乳幼児観察の関わりについてご執筆いただきました。昨今，『コウノドリ』（鈴ノ木ユウ著　モーニングKC　講談社刊）という漫画およびそれをもととするドラマに強い関心が向けられているということです。このことは妊娠から周産期までの妊婦さん，そのご家族，そして生まれてくるベビーの織りなすドラマに，わたしたちがさまざまな想いやなんらかの感情を喚起させられることの表れなのだと思います。この6章に強く関心を持たれたかたは，専門書になりますが『第2版　NICUと心のケア　家族のこころのよりそって』（橋本洋子著　メディカ出版）も併せてお読みになることをお勧めします。第7章は乳幼児観察で得られた知見をいかに幼児教育の現場に生かすかについて書かれています。第8章は保育の現場にいかに乳幼児観察を生かすかについて，保育園で仕事をしている立場と幼稚園で仕事をしている立場での対談です。第9章では，乳幼児精神保健において，国内はもとより，世界中で活躍されておられる渡邊久子先生にご執筆いただきました。その中で語られる「累積トラウマ」，「ゼロプロセス」という概念から投射される心のありようは，物言わぬ赤ちゃんの心の声そのものであり，人生早期の関係性を見とるアンテナの精度を高めるために乳幼児観察がいかに有用であるか理解できます。第10章は鈴木が日本で乳幼児観察グループを始めてからの20年について語られています。この20年余りの間，ネグレクトをはじめとする子育て支援のあり方が大きなうねりを持って変わってきましたが，そのプロセスに思いを馳せながら，鈴木自身の乳幼児観察グループのあり方の変化に対する考察を読み込んでいくことは，子育て支援に関わるかたがたには大変興味深いものとなるでしょう。

　この本は，一気に読む本ではないようです。折々に読みたいところをじっくりと考えながら読み，時にはしばらくの間本を閉じておき，また思い出すように本を開いて読みたいところを読む，というような読み方で読んでいただければさいわいです。

目　次

はじめに　3

第 1 章　「おっぱいと抱っこ」と赤ちゃん観察　————鈴木　龍　9
　Ⅰ　「三つ子の魂百まで」　11
　Ⅱ　赤ちゃんを観察する　13
　Ⅲ　赤ちゃんを観察する母親　18
　Ⅳ　赤ちゃんと母親の絆——おっぱいと赤ちゃんの関わり　19
　Ⅴ　日本における赤ちゃん観察　28
　Ⅵ　おわりに　41

第 2 章　乳幼児観察は子どものこころの診療　————木部則雄　45
　Ⅰ　はじめに　47
　Ⅱ　症例　51
　Ⅲ　さいごに　58

第 3 章　他者の気持ちに巻き込まれつつ自分でいること
　　　　　茜ちゃんと家族の観察事例から　————田中健夫　61
　Ⅰ　はじめに　63
　Ⅱ　観察の始まり　64
　Ⅲ　良いものの内在化と分離のきざし　71
　Ⅳ　父親の機能が求められるとき　77
　Ⅴ　おわりに　79

第 4 章　赤ちゃん観察と子育て支援
　　　　　碧くんとお母さんの観察事例から　————森　稚葉　85
　Ⅰ　本章で考えたいこと　87
　Ⅱ　誰かに〈見られる〉ことは〈共に居る〉こと　87

Ⅲ　赤ちゃんに〈見られる〉ことと母親としての自信　88
　　Ⅳ　観察者から〈見えない〉ことの意味　90
　　Ⅴ　〈見る〉こと〈見られる〉ことへの複雑な思い　93
　　Ⅵ　母子にとっての〈見られる〉という体験　97
　　Ⅶ　まとめ　99

第5章　**対談：保育者から臨床心理士へ**
　　　　赤ちゃん観察と子育てをいきる
　　　　　　　　　　　　　　　　　　　　　　　　鷹嘴真由子・鈴木　龍　103

コラム　対談を終えて──────────────鷹嘴真由子　126

第6章　**周産期心理学にいかす赤ちゃん観察**
　　　　家族ときょうだいの力を中心に──────藤嶋加奈　129
　　Ⅰ　周産期と心理臨床　131
　　Ⅱ　NICUでの親子の関係性の発達　133
　　Ⅲ　満期産で生まれた赤ちゃん　134
　　Ⅳ　産後うつについて　135
　　Ⅴ　親子の関係性とそれを受け止める器としての環境　137
　　Ⅵ　私の赤ちゃん観察体験から　137
　　Ⅶ　赤ちゃん観察を終えて家族の大切さを考える　148

コラム　NICU（新生児集中治療室）の
　　　　赤ちゃんと乳幼児観察──────────橋本洋子　150

第7章　**タビストック方式乳幼児観察からの贈り物**
　　　　　　　　　　　　　　　　　　　　　　　　　　上田順一　153
　　Ⅰ　観察すること　155
　　Ⅱ　観察を保育・子育て・教育にいかす　157
　　Ⅲ　大切な人の瞳に映った自分　159
　　Ⅳ　見ることから想像することへ　162

第8章　対談：保育臨床と赤ちゃん観察
　　　　　　　　　　　　　　　　　　　　　　　　　　上田順一・森　稚葉　165
　　Ⅰ　保育現場の臨床心理士に対するニーズ　　167
　　Ⅱ　保育臨床においていきる赤ちゃん観察体験　　169
　　Ⅲ　観察者のポジション　　172
　　Ⅳ　観察者が保育に与える影響　　178
　　Ⅴ　保育者にとっての赤ちゃん観察　　180

第9章　乳幼児精神保健にいかす乳幼児観察　　　　　渡邊久子　185
　　Ⅰ　はじめに　　187
　　Ⅱ　赤ちゃん観察と直観的育児　　189
　　Ⅲ　乳幼児精神保健と乳幼児観察　　190
　　Ⅳ　乳幼児観察とフロイトの赤ちゃん観察　　195
　　Ⅴ　赤ちゃんを心と体に刻みつける観察　　196
　　Ⅵ　乳幼児観察：筆者の体験から　　198
　　Ⅶ　乳幼児精神保健にいかす乳幼児観察　　202
　　Ⅷ　おわりに　　208

第10章　20年の赤ちゃん観察を振り返ってみて　　　　　鈴木　龍　211
　　Ⅰ　観察が母子関係に及ぼす影響についての不安　　214
　　Ⅱ　母親の見られる不安を考える　　216
　　Ⅲ　赤ちゃんを見る観察者の不安　　218
　　Ⅳ　観察への赤ちゃんの反応　　222

おわりに　　227

第1章
「おっぱいと抱っこ」と赤ちゃん観察

I 「三つ子の魂百まで」

「三つ子の魂百まで」と言われます。赤ちゃんのこころは大人のこころの中に生き続け，他人との関係や自分自身についてのイメージに影響を及ぼしていくということです。この言葉は江戸時代はじめから使われていたとのことですが，有名なのは江戸時代の末に書かれた式亭三馬の『浮世風呂』であって，庶民が銭湯でのおしゃべりの中でこの表現を使っています。それが意味することは，現代の精神分析学や発達心理学が明らかにしている真実ですから，直感的な知恵にせよ驚くべきことだと思われます。

三つ子というのは数え年でしょうから，満年齢でいうと 2 歳児のことですが，人生の中で生き続ける「三つ子の魂」がどのように育ってくるのかは，重要な問題です。まず生まれたばかりの赤ちゃんのこころとは，どのようなものなのでしょうか。それを考えるとき，赤ちゃんだけを考えることはできません。なぜなら，赤ちゃんの生命はお母さんから切り離して考えられないからです。その単純な真実を「赤ちゃんというものはいません。お母さんと赤ちゃんがいるのです」と，イギリスの小児科医で精神分析家であったウィニコット（Winnicott）が表現しています。そうすると赤ちゃんのこころはお母さんとの関係のなかでしか考えられないし，その中でどのように育ってくるのかを考えなければなりません。

人間の赤ちゃんは生まれたとき，一人では生きていかれない状態です。お母さんのおなかの中の胎児のときと，まったく違った環境の中で生きていかなければなりません。赤ちゃんは自力で呼吸して酸素を取り入れ，おっぱいという形で栄養を取り入れなければなりません。姿勢を保つことも身体の動きもままならない状態ですから，おっぱいもお母さんに抱かれて乳首を吸えるようにしてもらい，おしっこやうんちの世話もしてもらわなければなりません。体温を保持するためおくるみを着せてもらって，外界の変化から守ってもらわなくてはなりません。何事も自分では行えず，何が必要であるかも表現できない無力な存在が人間の赤ちゃんです。お母さんに抱っこされて，おっぱいを中心とした適切なケアをされて，赤ちゃんは

生きていかれるのです。

　ただ不快で苦痛な状態になると赤ちゃんは泣きます。お母さんが泣いている原因を察知して，それを取り除くと赤ちゃんは泣きやみます。泣きやむことが，お母さんの察知と対応の適切さを示していて，赤ちゃんの欲求が満たされたことの表れとも言えます。お母さんがそれを繰り返すことによって母子の絆がつくられ，それを通して赤ちゃんのこころが育っていくようです[注1]。

　こんなことは当たり前のことであって，言うまでもないことを何でくどくどと言うのか，とブーイングが起きそうです。実際のところ人類の誕生以来，母親は赤ちゃんを育ててきたから，母親の育て方はほとんど本能的とも感じられるし，それは母性本能によるともよく言われます。江戸末期から明治のはじめに日本を訪れた西欧人は，日本の母親の赤ちゃんへのおっぱいの与え方と幸せそうな赤ちゃんの姿に強い印象を受けています。

　それから百年後の1970年頃，欧米では母親による幼児虐待が大問題になったとき，**母性愛**が強い日本ではそれは皆無であるとわが国の識者によって言われました。その後，**幼児虐待**や**ネグレクト**が深刻な問題になっても，母性愛と言えばおっぱいと抱っこであって，それさえ充分に与えられていれば，赤ちゃんはニコニコご機嫌であって，泣き叫ぶことなどないはずだと考えられがちです。しかし，おっぱいと抱っこは泣く子への最強の解答であるようでいて，それしかないならばお母さんはまったくの無力感に襲われてしまいます。

　赤ちゃんの泣き声はきわめて雄弁です。なぜなら苦痛で不快であることを伝えていて，何かしてあげなくてはという気持ちを周囲の人に引き起こすからです。おっぱいと抱っこによって泣きやんでも，寝かすと泣き出すとなると，お母さんは絶望してしまいます。これは現代日本での母子関係の特徴のようですが，「泣く子と地頭には勝てない」という言葉の存在は

注1）タイトルの「おっぱいと抱っこ」とは通常母子の関係の中心を表すと考えられていると同時に，精神分析においては**おっぱい**（breast）と**抱っこ**（holding）による母親との関わりが，乳児の心の成長に中心的重要性をもつと見なされている。本章においては，それが日本的育児において過度に重視されていて，密着した母子の関係性を表す象徴的イメージとして使われている。

そうでないことを示しています。この表現は「三つ子の魂百まで」という言葉ほど一般的に知られていないでしょうが，赤ちゃんの泣き声のもつパワーを表しています。地頭とは農民を支配した武家の権力者のことで，鎌倉時代から使われた言葉なので，泣く子に対しての無力感ははるか昔からだったことがわかります。

　赤ちゃんが泣いてばかりいるならば，どうしたらいいのでしょう。赤ちゃんは言葉で気持ちを表せないから，赤ちゃんがどう感じているかがわかりません。「赤ちゃん観察」は，赤ちゃんをよく観て，そのこころを理解しようとする方法です。本書ではそれによって理解された現代日本の赤ちゃんとお母さんの関係の在り方を見ていきます。赤ちゃんのこころがどのように育まれてくるのか，どのようなことが赤ちゃんに大きな不安をあたえて，泣いてばかりいる子になるのかについて，「赤ちゃん観察」の経験をお話ししていきます。

II　赤ちゃんを観察する

　これから説明する赤ちゃん観察（乳幼児観察[注2]）は，第二次世界大戦直後，ロンドンの**タヴィストック・クリニック**における子どものこころの治療者（心理療法家）の養成訓練のために，**ビック（Bick）**という女性の精神分析家によって，創始された方法です。そこを中心に発展してきて，今ではヨーロッパやアメリカのみならず，アジアや日本など世界中に広まってきています。

　このように説明すると，赤ちゃん観察が専門家の養成のためであって，専門家でない読者の皆さんには関係のないことだと思われるかもしれません。しかしそれが始まった背景には，社会的な問題意識があったのです。第二次大戦中，ロンドンはドイツ空軍による空襲やロケット攻撃に曝され

注2）本書ではより広く対象読者として母親や保育者も想定しているので，身近な感じを与える「赤ちゃん観察」（baby observation）という言葉を使うが，学術的用語としては「乳幼児観察（infant observation）」という用語が使われている。

たため，子どもたちは母親や家から離れた田舎に疎開させられたのですが，それによって子どもたちは強い不安や抑うつ，そして身体症状を表すようになったのです。それのみならず戦争が終わって家に帰ることができて母親と再会しても母子関係の修復は容易でなかったのです。

　それに対して精神分析家たちが積極的な関心を示して，子どもたちの心の傷を調査して社会的にアピールしたのみならず，それに対する治療法を提起し実践し始めたのです。問題はごく少数の子どもたちではなく，多くの子どもや母親が解決法を求めていたのです。その社会的な需要に対する応答として，こころの治療をする専門家——子どもの心理療法家の養成が必要となり，その訓練の中心が赤ちゃん観察であったのです。ですからそれは専門家だけの問題ではなくて，イギリス社会全体の問題に関わったのです。赤ちゃん観察がこうした歴史的状況と社会的問題意識の中で産み出されたことを見逃すべきではありません。

1．赤ちゃん観察の方法

　さてビックが創出した方法は，一人の赤ちゃんを生まれたときから満2歳になるまで，一人の観察者が毎週1回1時間，家庭に訪れて観察するというものです。ここで赤ちゃんを観察すると言いましたが，さきほどウィニコットの言葉を引用したように，赤ちゃんを観察するとは，お母さんに授乳されたり抱っこされたりする，お母さんと一緒の赤ちゃんを観察することを意味します。

　問題は観察するという方法です。観察するとは普通客観的な行動の観察を意味するでしょう。観察者は主観的な感情を排して，冷静に目に見える行動を記録すると思われるでしょうが，そうではありません。母親と関わっている赤ちゃんのこころという主観的なものを理解するための観察なのです。そのために母と子の**情緒的雰囲気**に触れて感情的に影響を受けるような態度で観察しなければなりません。たとえば赤ちゃんが泣いたら，その場にいる観察者は心が揺さぶられながら，赤ちゃんの表情やしぐさ，行為を詳しく観察していくのです。

　観察者はこのように情緒的に「**関与した観察者**」[注3]なのです。当然の

ことながら赤ちゃんの気持ちに触れたとき，それに応じて手を出したり，お母さんに面倒を見るように注意したくなる気持ちに駆られたりします。しかしながら，その気持ちを行動で表さないで，こころの中に抱えながら観察するのです。自分の中に生じてくる感情を大切にして，それを赤ちゃんのこころを理解するための手がかりにしていくのです。そのために，赤ちゃん観察は次のような方法に従って観察します。

詳細な観察記録をつける：観察者は母親と関わっている赤ちゃんを詳細に観察します。おっぱいと抱っこにしても，そのときの赤ちゃんのお乳の吸い方，表情や手のしぐさと，それに対してのお母さんの吸わせ方や表情，赤ちゃんを見ているかなどを見るのです。ただ観察の現場ではメモは取りません。メモを取ることによって，赤ちゃんや母親の生々しい感情に対して観察者が心の壁を築いて感じなくなってしまうし，お母さんに緊張感を与えてしまうからです。記録は観察直後に記憶に基づいて書くのです。観察された赤ちゃんの行動や母親の反応を言葉で表しつつ，観察者は観察中の自分の気持ちや想いを思い出すし，それについて考えることができます。

観察者の感情反応の役割：赤ちゃんが泣いているのに，お母さんが何か別のことをしていると，観察者はつらくなります。早く抱っこしてあげたらいいのに，とお母さんに苛立ちの気持ちが起きるかもしれません。抱っこをしてあげないことで自分を責めるかもしれません。こうした気持ちを抱えて観察していくことは，それ自体大変なことですから，何も感じないようになったり，その場面についての記憶が思い出せなかったりすることもあります。

このように観察者に引き起こされる感情反応は無意識なことが多いものの，それは赤ちゃんからの**非言語的なコミュニケーション**，特に赤ちゃん

注3) 関与的(参与的)観察(participant observation)とは文化人類学などで使われる観察法であって，観察する対象に感情移入しながら，その対人関係，習慣や文化，などを記述し理解しようとする方法である。

の**原初的不安**に対する反応と考えられるので，赤ちゃんのこころの状態を知る重要な手がかりになるのです。赤ちゃん観察では，観察者は赤ちゃんを観察しながら，同時に自分自身に引き起こされてくる感情反応を見ることによって，赤ちゃんのこころを知ろうとするのです。

　観察セミナーの役割：それを考えるうえで，観察記録が報告されて，それについて参加者が話し合える場である観察セミナーがきわめて重要なのです。セミナーは，異なった赤ちゃんを観察している5名ほどの観察者とリーダーからなり，毎週開催されます。細かく観察された赤ちゃんの報告を聴く参加者には，目の前に赤ちゃんを見ている観察者のように，さまざまな感情，連想や考えが引き起こされます。それらは報告された観察内容に関連した情緒や空想であるので，観察者が気づかなかった感情反応を意識化するのに役立ちます。仲間の反応を聞くことで，観察者は観察体験を省みて自分の気持ちが思い出されたり，その意味を考えたりすることで，赤ちゃんの行動の意味——意図や感情などのこころがわかってくるのです。

　定期的な観察の意義：いま赤ちゃんのこころがわかってくると言いましたが，それは「仮説」のような理解であって，その後の観察によって「仮説」が適切かどうか，が確かめられます。何が起きているかよくわからないこともありますが，関心をもって観察していくうちに何が起きているか，繰り返されるパターンが見えてきます。そのためには毎週1回定期的な観察が必要なのです。

　しかし2年間にわたる定期的な観察はより本質的な意味をもっています。安定した関与の中で信頼関係が築かれるし，観察者に対して母親のみならず赤ちゃんも感情的に関わるようになるからです。赤ちゃんへの観察者の感情的反応が赤ちゃんの気持ちの理解を可能にすることを先に述べましたが，そうした影響を受けるためには定期的な観察が必要なのです。

2．赤ちゃん観察の目的

　赤ちゃん観察は当初は子どもの心理療法家の養成の中核をなす訓練として行われて，やがて思春期や大人のこころを深く理解する精神分析的な心理療法家の訓練としても行われるようになりました。それはきわめて専門

的な領域の人たちのための集中的訓練として行われていたのです。

　しかしながら，タヴィストック・クリニックでは1970年代以降は，より広範なこころの援助職——医療や看護，保育や教育に関わる仕事に従事する人たち——の基礎的な態度，感性や考え方を育成することを目的として，赤ちゃん観察が積極的に行われるようになりました。

　なぜ，そのような広範な職種の人たちに赤ちゃん観察のコースが導入されたのでしょうか。赤ちゃん観察においては，観察者は多大な時間とエネルギーを使って観察をしていかなければなりません。その目的は何なのでしょうか。赤ちゃん観察の教科書とも言える書，『身近に観察された幼児』の中で，この20年間タヴィストックでの赤ちゃん観察において中心的存在であったラスティン（Rustin）は，次のように述べています。

　赤ちゃん観察では，観察者は赤ちゃんの情動的活動について学ぶだけではなく，「観察されたことへの観察者自らの反応から学ぶ」，特に「赤ちゃんの原初的不安との出会い」の体験から学ぶのです。赤ちゃんの不安と出会うことによって，必ず観察者の中の**原初的不安**[注4]が喚起されます。観察者は自分の中の赤ちゃんの情動——欲求や不安などに曝されるので，大人としての自己は動揺しますが，内なる幼児的不安とバランスを取ることを学んでいくのです。

　それが赤ちゃんを理解することに繋がるのでしょうか。赤ちゃんの不安は泣き声を除いて言葉で表されませんが，それによって喚起された観察者の中の原初的不安は，言葉によって表現されて，その意味を考える（大人としての自己）ことができます。このように観察者の情動的反応から，赤ちゃんの原初的不安を感じとり，その意味を見出すことを学ぶことが，赤ちゃん観察の目的であるとラスティンは言っているのです。

　それではなぜ，そうした体験的な学びが必要なのでしょうか。医療であれ，育児であれ，保育や教育であれ，心に関わる援助者は外側から子どもの問題行動を理解して援助の手を差し伸べるだけでなく，子どもに関与す

注4）乳児が発達初期に体験する強烈な不安で，それは母子一体感が急にくずれることによって引きおこされる。

るとき引き起こされる感情的反応に揺さぶられつつも，その感情反応の意味について考える態度が必要とされるからであって，こうした意味での「見守る」態度の養成に，赤ちゃん観察がきわめて有効な方法だからです。

Ⅲ　赤ちゃんを観察する母親

　ロンドンで赤ちゃん観察を体験して気づいたことの一つは，観察することが観察者だけが行うことではなくて，母と子の関係の中でも行われるということでした。次の観察はそれが示された一場面です。

　　「アリス（6カ月）は床の上に敷かれたマットに仰向けになっている。母親と私が傍のソファーに座って見ていると，こちら側に背を向けて，ぺちゃくちゃと吸う音をたてた。おそらく指しゃぶりをしているのだろう。しばらくしてこちら側に向き直って，母親に微笑んで『キャッ』と快活な声を上げた。それからマットを右足で強く蹴って，左回りに回転して腹ばいになろうと懸命に努めたものの，左腕が邪魔になって回転できない。何度も試みてから諦めて仰向きの姿勢に戻ってしまった。ずっと黙って見ていた母親が『もう一度やってごらん』と声をかけると，アリスは再度チャレンジした。
　　今度は時計回りに腹ばいになろうとしたが，右腕が邪魔になって回れない。何度も繰り返しているうちに，アリスは左手を右の方に伸ばしてマットの端をつかんで，ぐいと自分の方に引き寄せて回ろうと試みた。それを何度も繰り返しているうちに，ぐるりと回転して腹ばいになることができた。引き込まれるように観察していた私は深く感動した。母親もとても喜んで，『やったね！　かわい子ちゃん』と声をかけた。アリスはさらに腹ばいの姿勢で足をバタバタさせて前進？　しようとしたが少しも進まない。……じっと見ていた母親は『もう充分よ。疲れたね』と言いながら抱き上げた」

　私が感動したのは，手を出さないで観察していた母親の態度でしたが，母に背を向けていたときも，母親が自分を見ていることをアリスは感じていて，それが寝返ろうとする努力に必要であることでした。

もっともこの場合の観察は母親に苦痛を迫るものではありません。それと違って不安な赤ちゃんの観察となると，母親自身のこころがかき乱されるから赤ちゃんを見ていることは容易ではありません。同じように赤ちゃん観察においても，観察者が不安な赤ちゃんを見ているときには，赤ちゃんの不安に巻き込まれながら，原初的不安と出会うことを通して理解しようとするのです。

IV　赤ちゃんと母親の絆──おっぱいと赤ちゃんの関わり

1．おっぱいをめぐる母と子

　赤ちゃんにとって母親の眼差しが大切であるにせよ，母子の絆の形成には，授乳をめぐる関係が大きな役割をもっていることは言うまでもありません。赤ちゃん観察でも，1歳になるまで，とりわけ最初の数カ月間の観察の焦点は授乳場面です。

　赤ちゃん観察では「ふつうの」家庭に生まれた赤ちゃんの観察が勧められます。たとえば身体的あるいは精神的に病んでいて，治療の必要がある赤ちゃんや母親の観察となると，観察者が観察者としての立場を保つことが困難になるからです。私が観察した赤ちゃんは中産階級の家庭に生まれた，初めての赤ちゃんだったので，母親は育児に没頭できたし，父親も育児に協力的でした。

　私は3カ月間，協力してくれる母親探しをしても見つからず，やっぱり東洋人でしかも男性観察者だから受け入れられないのだろうと悲観的になっていたころ，セミナー仲間から，生後3週たった赤ちゃんの両親で観察に関心をもっている知人がいると聞いて，私は観察について説明するために，父親が帰宅する晩8時にお宅を訪れると，ちょうど父親の夕食が終わるところで，私たちは食卓で話をしていきました。母親は，仕事に打ち込んでいたところ，予想外の妊娠にショックを受けたが子どもを産むことを決意したこと，しかし出産後，育児に不安を抱いていたことを語って，たまたま友人から赤ちゃん観察のことを聞いて，観察者が傍にいた方がいいのでないかと思ったことを話して，観察を受け入れてくれる意向でし

た。父親も観察に賛成してくれました。こうした話をしていると，父親に抱かれていた赤ちゃん「アリス」がぐずり始めたので，母親はその場で授乳しながら，具体的な観察の打ち合わせをしました。
　第1回観察は生後第4週目のときでした。

　　「訪れるとちょうど授乳が終わったところでした。母親に抱かれていたアリスが泣き始めたので，もう一度おっぱいをあげることになりました。母親はソファーに座り，私はすぐ傍の椅子に座るように促されました。横抱きにして右の乳房の乳首をナタリーの口に入れてあげたのですが，3回も外に出してしまって，それからお乳を飲み始めました。目を閉じて丸めた右手を口の傍の乳房の上に置いて，静かに長い間飲んでいました。やがて乳首を口に含んでいるだけになったり，また吸い始めたりします。母親がそっと乳首をとり出すと，しばらくうとうとしていたアリスは目を覚まして落ち着かなくなりました。母親は『貪欲な赤ちゃんね』と言いながら，また乳首をくわえさせました。私は貪欲という強い言葉に内心驚いていると，母親は授乳しながら『夜寝ないでぐずるので，何度も授乳しなければならない』，『アリスはあらゆるものを吸いたがる，永遠に吸いたがる』と疲れた顔で私に語りかけてきました」

　Q＆A：ちょっと考えてみましょう。どんな感想をもたれましたか？
当然の反応は，男性観察者の傍で，若い母親が授乳するなんて信じられない，母親がかなり緊張していたので，赤ちゃんは不安になっていたのでないかという疑問でしょう。その通りです。母親は身近に見られることで緊張していたでしょうし，観察者の私も，母親が受け入れてくれる位置──居場所や距離感を見出さなければなりません。まったく異なった文化背景をもった未知の観察者との関係ですから，お互いにぎこちなかったに違いなかったからです。
　そうであるにしても，アリスが授乳のとき乳首を3度も落としてしまい，授乳が終わってもすぐにぐずって再授乳したことは，どう理解したらいいでしょうか。まだ運動のコントロールができていないのだから，乳首を口から落としてしまったのだろう。特にそれ以上の理由などはないだろう，

赤ちゃんにこころがあるとは考えられないと言われるかもしれません。

　しかし貪欲な子と言う母親はアリスにこころがあることを当然のこととして受けとめています。もっともおっぱいを貪欲にむさぼるなら、乳首を放そうとしないでしょう。そうすると赤ちゃんには、与えられたおっぱいが何か受け入れがたく感じられたので、乳首を落としたと考えられないでしょうか。何度もおっぱいを与えられても、飲んだ後にぐずりだしたことも、おっぱいで満たされなかったためだろうと考えられます。

　それではアリスに、おっぱいがよくないものと感じられたのはどうしてでしょうか。母親はアリスがおっぱいを何度も求めるのは観察のときだけでなく、とりわけ夜間そうであることを強調しているので、授乳に際しての母親の緊張感が関係しているようです。母親は夜よく眠れないことを訴えているので、出産後の**マタニィティブルー**[注5]の状態にあるといえますが、「あらゆるものを永遠に吸い続ける」という言葉は、母親がこれまで大切にしてきたもの、仕事のキャリアーや自由がアリスによって吸い取られてしまったという喪失感と怒りを表していますし、それがおっぱいを介してアリスに伝わっていたことが考えられます。

　もっとも1週後（生後第5週）の授乳は違ってきます。

>　「母親に抱かれたアリスは指をしゃぶっていましたが、やがて泣き出しました。抱き方を変えて縦抱きにして向き合うと、アリスは口をちょっと開けて舌を出すようにしながら、あたかも乳房を探すように顔を動かしたので乳房に触れました。それを見て『ママが譲るわ』と言って右の乳房を出して飲ませながら、『この子には安心が必要なのよ。お腹がすいているんじゃないわ』とお乳を吸うアリスの顔を見つめながら話します。その後、少し飲んでは乳首をくわえているだけになり、また飲んでは止めてしまうことを繰り返しました。目を閉じて身じろぎもせず、満ち足りた表情をしているな、と私が思っていると、アリスは自分の方から乳首をポンと出して、満足した幸せな表情ですぐに眠ってしまいました」

注5) 出産直後の母親が陥りやすい一過性の軽い抑うつ状態のこと。

Q＆A：この観察にはどんな感想をもたれましたか？　母親は余裕をもってきていますね。前回と違って，安心を求めていると理解して授乳したので，乳首を口にくわえているだけであっても，母親は焦らずにアリスのペースにあわせています。そのため，おっぱいによって安心し満ち足りて寝入ったと考えられます。母親が言うように，赤ちゃんには口の中に乳首が入っていることが安心感につながり，乳首が入っていないと大きな不安が引き起こされることが観察から理解されますが，しかし観察者の私は自らの感情反応を通して，その原初的不安に触れていたのではありません。

　もっともおっぱいと抱っこだけを見ると，アリスが求めるものと母親が与えるものとがフィットしていない印象を受けますが，おむつ交換の場面では，まったく違った母子の関わりが観察されていたのです。

第6週目の観察：
　「私が訪れると，ちょうどおむつ交換の最中でした。おむつがとられると，アリスは腕や足を力強く動かして，嬉々とした表情と声を出して母をじっと見つめて，母親も目を合わせながら『おむつがなくて嬉しいの！　嬉しいの！』と喜びの声をかけて，遊びに満ちたやり取りをしていたのです。そうしている最中に突然，アリスはうんちをしたのです。母親は一瞬驚いた表情をしましたが，すぐにそれを拭いて『うんちしたの！』と嬉しそうに声をかけました。……おむつ交換の後，授乳をしようとして母親が抱きあげたとき，母親のシャツのボタンを外すような手の動作をしたので，『あら，ボタンを外すの！』と母親はちょっと興奮気味の声で応えて授乳を開始したのですが，わりとすぐに乳首をくわえているだけになってしまいます。お乳を飲んで，また止めてということを何度も繰り返したので，しばらく見守っていた母親は注意深く乳首を取り出したのですが，すぐに目覚めてしまいます。別に泣いたのでないのですが，歩きながらアリスをゆすって，『6カ月になったら抱っこして歩けるかしら。今でも腰が痛い』と私に語りかけました」

Q＆A：おむつ交換では，おっぱいと抱っこという密着した関係とは違っ

た母子の関係が観察されました。どうしてでしょうか。母と子の間に少し距離があるとき，目と目が合い，音声のやりとりがある関わりが可能になるからです。母親はそうした関係の方が得意なようで，アリスもそれに応えて楽しい相互作用が成り立っています。

突然のうんちも，母親の愛情と世話に対してのプレゼントだったのでしょう。少なくとも母親はそのように受けとめたようです。

その後の観察では，おむつ交換のときだけでなく，その他のときにも，生き生きとした楽しい交流がよく見られるようになりました。にもかかわらず晩になるとアリスがぐずりがちなので，母親は疲れるとお乳がよく出なくなるためでないかと疑って，元気な朝のうちに搾乳して哺乳ビンで飲ませることを思いついたのです。その実行は，しかし母子関係と観察者に大きな影響を及ぼすことになりました。

第12週目の観察：
「(哺乳ビンの授乳で泣かれたので右乳房を差し出した) 母親が乳房を手で支えて，アリスがお乳を飲みはじめる様子を見ていると，アリスは右手で母親の手を払って，自分で乳房をもった。母親は『私の手を押しのけたわ』と言う。飲み方は力強かったが，『興奮している』と母親が言ったように，息づかいは荒く手足をしきりに動かしながら飲んだので，顔を大きく動かしたとき乳首が口から飛び出してしまった。母親がすぐに口に入れてあげると，アリスはおっぱいを飲み続けた。

しかし，ふと母親の眼差しを見ると，私には，授乳に気持ちがこめられていないように感じられた。そのうちに授乳しながら母親は不安気にあたりを見回したり，虚ろな眼差しで正面を見つめたりした。このような不安な表情を見るのははじめてだったので，私は驚き，母親の表情に視線が釘付けになってしまった。しばらくして我に返ったように，母親は私に語りかけた。『この子は私が緊張していると，それを感じるみたい。最近，どんなにあやしても，一日中泣き続けていた』と言って，アリスの顔を見た。私も見ると，アリスは母親が手を出すと，それを払ってお乳を飲み続けた。観察記録をつけているときに，母親

の表情に私の注意が向いてしまって,アリスをまったく観察できていなかったし,再びアリスに目が向いても観察が粗雑であることに気がついて,愕然とした」

Q&A：どんな感想をもたれたでしょうか？　アリスが哺乳瓶を嫌がっただけでなく,自分で乳房をもった動作にはおっぱいが母親のものでなく,自分のものだという気持ちが露骨に表されていますね。荒々しさからは怒りも感じられるでしょう。でも泣いてはいないし,おっぱいが与えられている限り安心しているようにも感じられるかもしれません。

しかし授乳している母親の顔に表れた強い不安はどう理解したらいいのでしょう。哺乳ビンでの授乳を拒否し乳房を奪ったアリスの怒りの強さに不安になったのでしょうか。私には母親がそんなことで強烈に不安になるとは思われません。ただ母親の不安に関心がひきつけられてから,私はアリスに目が向けられなくなりました。私はアリスの観察に来ていたのに,無意識的にアリスを見れない状態になっていたのです。

母親の表情に表れた不安はいったい誰の不安であったのでしょうか。冷静に考えてみると,アリスが断固として乳房を独占する行動をとっているのは,おっぱいを失いたくないからであるし,それだけおっぱい喪失の不安が強烈であったことは明らかです。でもアリスは不安などこれっぽっちも感じていないようだし,それを表わしてもいません。不安はどこに行ったのでしょうか。無意識的に母親に伝えられたのです。母親はわが子の乳房喪失の不安を受けとめたものの,その強烈さに圧倒されていたに違いありません。私が母親の表情に目が釘付けになったのは,わが子の不安に圧倒された母親に同一化していたからだと思います。

母親が不安の支配から脱却できたのは,「私が緊張するとアリスはそれを感じるみたい」とわが子との関係を理解することができたからでしょう。再びアリスに目を向けて関わることができました。もっとも母親の言う緊張感は,アリスの乳房喪失の不安に触れることによって,母親の心の深部にあるおっぱい喪失の苦痛の幼児的記憶が刺激されたので,それと母親としての自己との緊張状態のことだろうと,私は後になって考えました。

読者の皆さんには,それは観察者の一方的で独断的な理解の仕方でない

かと感じる方もいるかもしれません。それに，もし私の理解が「正しい」なら，この母親は本格的な離乳を始めるとき，アリスの不安と反応に対処できないのでないか，と予想されます。実際，そのような不安感を抱きながら私は観察していたのです。

2. 離乳をめぐる母子関係と第三者[注6]

　第12週目に観察されたことは離乳の先駆けでした。その後，オムツ交換においては依然として，活気に満ちた母子の交流が観察されましたが，授乳をめぐっての母子関係は緊張と困難が高まっていきます。

　次の第13週目の観察では，授乳中にはじめて観察者の方を見て，再び乳房に向かって乳を吸うことを何度か繰り返したし，お乳を吸いつつ母親の顔を見上げたりもしました。母親が自分の欲求を満たしてくれるおっぱいであるだけでなく，自分とは別の人格であることにアリスは気づいてきているようでした。母親の方も授乳中に窓の外を見つめて「ひどい天気だわ」とつぶやきましたが，それは母親の心の空模様であるように思われたし，観察の終わり頃に言った，「生きることは難しいことだわ（Life is difficult）」という言葉は，授乳をする母親自身の困難さの表明であるだけでなく，乳房を失う苦痛に直面したアリスに共感した言葉でもあると感じられました。

　その後の観察中の授乳においては，母親の手を乳房から払いのけて独占しようとする一方，おっぱいを飲みながら泣いたり，途中で自分から乳首を口から出して，代わりに自分の手首をしゃぶったりもします。母親に微笑みかけてもすぐに，観察者の方に関心を向けて微笑んだりするようにもなっていきます。

　実際に離乳食を試みたのは，1ヵ月後の第16週目の観察でした。擦りおろしたリンゴをすすめたのです。でも，まったく受けつけなかったの

注6）乳児にとって母親との関係のみが重要であるとき（二者関係），もう一人の他者である第三者（通常父親）の母親との関わりに乳児が関心や不安をもつようになるとき，三者関係の段階にあると言う。

で，母親がおっぱいに切り替えると，アリスはすぐにお乳を飲み始めたのですが，母親がリンゴは実家から送られてきた有機栽培のものであることを私に説明し始めると，アリスはお乳を飲むのをすぐにやめてしまっています。この日も「生きることは難しいわ」と母親は言っています。

　ヨーロッパの郷里からの無農薬のリンゴは，離乳についての母親自身の苦痛を和らげてくれる，よいおっぱいの象徴であったのでしょうし，それゆえにはじめての離乳食として選ばれたのでしょう。赤いリンゴに助けられて，母親はこころの奥のおっぱい喪失の不安にもかかわらず，わが子の離乳への強い不安に圧倒されないで，母親はそれを「生きることの困難さ」として受け入れられたと思われます。1ヵ月後に迫った夏休みを楽しみにしながら，郷里のリンゴのおいしさを私によく話したものです。

　実際，3週間の夏休みから戻った第21週目の観察では，母子関係ははるかに快活なものに一変していました。実家ではアリスがよく眠って，母子共に楽しかったと報告。その日も離乳食として擦りおろしたリンゴが準備されました。もっともアリスはそれをスプーンですすめられると，口に入れてもすぐに吐き出してしまったので，テーブルや床には食べ物などが散乱していたのですが，母親はそれをちっとも気にしないで，アリスと楽しそうに声を出し合いながらの食事の光景です。結局あまり食べないので，授乳になったのですが，「まだこの子のお気に入りよ」と言いながら，お乳を飲むナタリーを温かく見つめるように母親の態度は変化しています。郷里での夏休みでは，母親の両親にアリスの面倒を見てもらえたという現実的な援助だけでなく，リンゴに象徴されたよい母親─離乳の苦痛をしっかりと受けとめ抱えてくれる「お母さん」を心の中に再発見する機会であったと思われます。

　その回の観察では，アリスは私のことをよく憶えていて，訪れたとき私に微笑んで目を合わせて，手も伸ばしてきたのですが，それだけでなく，授乳時には私のことを警戒する目つきで見たので，私はアリスにとって，関心をもって見る観察者であるだけでなく，自分のおっぱい・母親を取ってしまうライバルとしての第三者になっていることを痛感することになりました。

第22週目の観察（5カ月半）：

「はじめ離乳食を拒否して泣き続けて，授乳に切り替えられた……アリスはうめき声のような泣き声を上げておっぱいを吸う。右手の爪を立てて母親の大腿部のジーンズを引っかいて，左手では乳房を持ってお乳を飲みながら，親指を乳首と一緒に口に入れて吸っています。そうしながら泣き続けたので当惑した母親が『この子のこころの中では何が起きているのかしら』と私に話しかけた瞬間，アリスは乳首を口から出して母親の顔を見上げ，そして私の方をちらっと見てから閉眼して乳を飲み始めました。それを見て母親は『この子は授乳のとき夫に話しかけても，同じように反応するのよ。他の人には（私と関わる）権利がないと感じているようだわ』と話しかけた途端，アリスはまた乳首を口から放して母の顔をじっと見つめて，それから私の方に振り向いてにらみつけた。私たちはその反応に驚いたが，微笑んだまま黙って見ていると再びおっぱいを飲み始めた。しかし目を大きく見開いて，母親の顔をじっと見つめたままであった」

Q & A：この観察についてどう感じられますか？　アリスのおっぱいへの態度も興味深いことですが，印象的なのは，母親が私に語りかけたときのアリスの反応でしょう。アリスには母親が自分以外の第三者と関わっている現実が見えてきています。その痛切な現実が見えてきたので授乳されながら泣いています。「こころの中で何が起きているのか」と母親が問うたのは，泣き声がそれまでと違って，悲しみに怒りや嫉妬が混じった気持ちを感じとったからでしょう。

この2週後（6カ月）のとき，授乳されていたアリスは満足したからか突如，何のこだわりもないようにポンと乳首を口の外に出して，その後の離乳食を熱烈歓迎といった態度で食べ始めて，おっぱいにはまったく関心を示さなくなっています。

離乳と言うと，単におっぱいから離乳食への変化だけを考えがちですが，その過程で母親が自分とは別の存在であると気づいて，赤ちゃんは悲しみの気持ちを体験して，また第三者の存在にも関わるようになるプロセスです。そうした意味での離乳が進むためには，母親が赤ちゃんの不安や関心

をよく見て抱え理解することが重要なことがわかります。アリスはわかってもらう経験の中で，自分が母親に影響を及ぼすこともできると感じていったように思われます。

　それを観察した私は，はじめのうちは赤ちゃんの不安（乳首が口にないと不安）に直面する母親の不安に共感していましたが，離乳期のおっぱいを失う不安に関しては，私自身の感情的反応と関与を通して，アリスの不安を体験的に理解できたと思っています。それは私にとって貴重な学びの体験であったのみならず，赤ちゃんにとっても非常に意味あることであったと思われます。もっともその重要な意味については，おっぱいと抱っこ中心の日本の母子関係を観察する経験の蓄積と思考を通して，遡及的に気づいてきたことですが。

V　日本における赤ちゃん観察

　イギリスで学んだ赤ちゃん観察を日本に導入しようとすると，おっぱいと抱っこ，スキンシップが重視されている日本的育児は他者に観察されることを受け入れるだろうかという疑問にぶち当たります。そうした母子関係は日本人が抱きやすいイメージに過ぎないかもしれませんが，赤ちゃん観察を日本で試みるときの越えるべきハードルになります。この困難をどう乗り越えて観察が始まり，母親の見られる不安を観察の中でどう理解して扱っていったのかは，第9章で話したいと思います。本書は赤ちゃん観察の経験に基づいて，各執筆者がそれぞれのテーマで論じていますが，それは観察という方法が日本における育児や保育，教育や医療などの領域において，きわめて有用であることを体験的に学んできたからです。

　赤ちゃんのこころに関心をもって観察しながらも助言や援助をしない観察者の存在が母子の絆づくりにいかなる影響を及ぼすのか，そのとき赤ちゃんは観察者にどんな反応を示すのかを，これから見ていくことにします。二人の赤ちゃん――「あかりちゃん」と「ひとみちゃん」の観察のお話しをしたいと思います。

1.「あかりちゃん」──入院のトラウマ

　あかりちゃんは助産院で生まれた赤ちゃんです。観察者（女性の臨床心理士）は妊娠中にご両親に会って観察のお願いをしたら，快く観察を引き受けてくれました。初めての子どもではなくて，3歳上のお兄ちゃんがいます。最初のとき病院で出産したら，すべてが管理されていて，自分が産んだと感じられなくて不満だったので，こんどは助産院で産むことにしたと話してくれました。上の子を育てるのに何の困難も感じてこなかったようです。満期で出産，母子ともに健康でした。
　第1回目の観察は生後9日です。その授乳の様子を見てみましょう。

　　「お母さんはすぐに授乳することにして，あかりちゃんを抱き上げて，『あかり，さあ飲もっか』と声をかけました。観察者は傍で見ています。あかりちゃんは目をつぶったまま首を2,3度左右に動かし，乳首に唇が当たると口を開けてぱくっとくわえてお乳を飲み始めた。あごが大きく上下に動き，ごくごくっと喉を通る音がした。力強い音に私は思わず『しっかり飲んでいるんですね』と言うと，お母さんは『そうなんですよ。生まれてからすぐにこんな感じだったんですよ』と応えた。私たちはしばらく黙って，おっぱいを飲むあかりちゃんの様子をいっしょに見ていた。
　　そのうち授乳しながら，お母さんはお兄ちゃんが赤ちゃん返りを起こしていると話して，『これほどひどいとは思っていなかった』と繰り返し言って，お兄ちゃんのことが気になるようです。あかりちゃんは変わらぬ勢いでお乳を飲んでいましたが，やがて乳首をくわえたまま指を動かしたりし始めた。話が終わってあかりちゃんが左手の指を動かしていることに気づいたお母さんは，自分の人差し指であかりちゃんの手のひらをつんつんした。するとあかりちゃんは左手の指をゆっくりと広げてパーの形にして，それから母親の人差し指をゆっくりと包んでいくように握り始めた。指を握られると母の笑い顔がぱーっと広がった。……その後おっぱいをくわえたまま眠った赤ちゃんの髪をなでていた」

Q＆A：さあ，この日本での赤ちゃん観察について，どんな感想をもたれたでしょうか？　自然で温かい授乳の雰囲気が伝わってくるように感じられませんか。お母さんは授乳になれているし，赤ちゃんは力強くお乳を飲む子だから安心感があります。ここには初めての観察であるにもかかわらず，観察者に見られていることの緊張感も感じとれません。

　しかし授乳の途中から，妹の誕生への兄の反応，赤ちゃん返りの心配に母親のこころが奪われてしまいます。力強くお乳を飲まなくなり，乳首を口にくわえたまま指を動かし始めたのは，母親が観察者に心配事を話し始めたことへの反応と考えられます。もっともお母さんも話が終わったとき，すぐあかりちゃんの反応に気づきましたから，あかりちゃんのことを忘れたわけではなかったのです。

　あかりちゃんの左手の動きとお母さんの反応については，どう思われますか？　生後9日の子のちょっとした手の動きに意味があるだろうか，生理学的には随意運動ができない段階なので，意味などないのでないか，と疑問を抱かれるかもしれません。それはもっとものようにも思われますが，それに気づいたのが観察者だけでなく，母親も気づいて，あかりちゃんの手の動きに反応したくなったのですから，母親にとっては意味があることだったのではないでしょうか。さらに，お母さんにつんつんされたあかりちゃんは母の指をゆっくりと包むように握って，そうされた母親が満面の笑みを浮かべたのですから，赤ちゃんからの温かな応答と感じとったようです。ここには母子の間で，身体レベルでのコミュニケーションがあります。

　そのことは1週後の観察で確認されます。お母さんは「私のことがあかりには見えているよう」と言って，「授乳しようとすると，嬉しそうに両手を上下に振る。おっぱい前には喜ぶし，おっぱいをたっぷり飲む育てやすい子だわ」というように，あかりちゃんと気持ちが通じているとの感想を観察者に話したからです。

　ところが，それが一変します。第2回目観察の直後に，あかりちゃんが風邪の症状を出したのでお母さんが念のため病院に連れて行ったところ，

単なる風邪ではなく，重い病気かもしれないから検査が必要という理由で入院させられたのです。3日後異常がないとわかって退院になりましたが，入院以降，母子関係は困難で苦痛に満ちたものになりました。

　退院直後の観察では，母親は入院のいきさつを物語ります。赤ん坊だけを入院させたくないので，ぜひ自分も傍にいられるように泊まらせてほしいと懇願したのに，小児科医から病室に空きがないという理由で拒否されたこと，あかりちゃんは2日間母親から引き離されて泣いてばかりで，母親の方もパニック状態に陥って，家で泣き通しであったことを語ります。退院してからもあかりちゃんは毎日泣いてばかりの状態で，「おっぱい星人になった」ので，母親は抱っことおっぱいで夜も眠れないと訴えます。

　この観察場面では，トラウマの体験を聞いて受けとめてもらったからでしょう，お母さんは少し余裕を取り戻してきて，眠っているあかりちゃんの方を見ています。目覚めたので授乳を始めると，いつもの勢いのある飲み方をします。それを母親と一緒に観察者も笑顔で見ていたのですが，突然，母親が「あかり，息吸っている？　ちゃんと息吸ってよ！」と呼びかけたので，観察者はびっくりしてしまいました。

　その後の数回の観察においては，母親が抱っこしていてもあかりちゃんは全然，泣きやまず，授乳すると泣きやんでも，終わるとすぐに泣きだすことが繰り返されたので，母親は体調を崩してしまい，子育てができなくなるのでないかと不安を訴えます。

　Q&A：とても痛々しい観察の内容ですが，どんな感想をもたれたでしょうか？　みんなすぐに入院による母親からの分離があかりちゃんにとってトラウマになって，不安から泣いてばかりいると思われるでしょう。その通りです。しかし母親のもとに帰れたのに，おっぱいや抱っこによって安心できず，泣いてばかりであったのはどうしてでしょうか。赤ちゃんがあまりに不安であったので，おっぱいや抱っこによる安心が長続きしないという答えが返ってくるかもしれません。

　そうとも思われますが，お母さんの心の状態も考えに入れなくてはなりません。母親が退院後強い不安を抱いていたことは観察が示す通りです。

わが子を一人入院させたことに罪悪感を抱いていて，また医師に対して強い憤りを感じていて心中穏やかでない状態にあったと考えられます。そうした状態では，赤ちゃんの強い不安を受けとめて安心させることがきわめて難しいでしょう。こうしたとき，どのように援助したら，安定した母子の絆が取り戻されるでしょうか。

　戦争中の疎開による反応と同じようなことが入院によって母親から引き離された幼児に起きることが，精神分析家のロバートソン（**Robertson**）による『2歳児が入院する』というドキュメンタリー映画によって映し出された結果，イギリスにおいて乳幼児の入院には原則的に母親も一緒に泊まれるようにすることが制度化されているのです。

　現代日本では，どうしたらいいのでしょうか。観察者は母親の訴えを聴きながら，あかりちゃんの観察をしていこうとしました。お母さんの不安な気持ちに共感しつつ，赤ちゃんのこころの痛みを見ていくことは至難のことであって，観察者自身が強い不安に圧倒されてしまいます。観察グループでは観察者の訴えを聞きつつ，参加者各々の反応を通して，観察された母子の関係に何が起きているか，考え理解することによって，観察者にサポートを与えようとしました。そのことによって観察者は次の回の観察に出かけることができたのです。

　観察者の存在によって，お母さんは自分の不安を聴いてもらえるので，少し余裕を取り戻せたようですし，あかりちゃんは泣き続けることなく，授乳ですやすやと眠ることができましたが，夕方にはお兄ちゃんが保育園から帰って来るので，二人の子を母親一人で抱えなくてはなりません。それはとても難しいことであり，あかりちゃんは泣き続けました。

　お母さんの負担を少しでも軽減するため，子供の世話を肩代わりしたり分担したりできる第三者が傍にいたらよかったのでしょう。しかし夫（父親）は仕事でその余裕がなく，また実家の母親——あかりちゃんの祖母は体調が悪かったので東京に来ることができない状態にありました。お母さんは夫から離れたくなかったので迷った挙句，しばらく西日本の実家に子どもを連れて帰ることにしたのです。

帰郷の期間は２カ月の長さに及んで，東京にまた戻ってくるだろうかと，観察者は強い不安に耐えなければなりませんでした。実際は，お母さんは帰京するとすぐに連絡してきて観察が再開になったのです。観察者は当然のことながら再会の喜びと不安を抱きながら観察に臨みました。

　Q＆A：ずいぶん長々と，強いられた母子分離のトラウマとそれへの対応について述べてきました。皆さんは中断された観察の再開がどうなったと想像されますか？　あかりちゃんはもう４カ月になっています。お母さんは観察の再開にどんな気持ちでいるのでしょうか。自分が泣く子に困っていても，何もしてくれなかった観察者に不満を感じているのでないでしょうか。泣く子に対してどうしようもない母親としては，観察されるのが苦痛で，郷里へ帰ってしまったのでないだろうか。いろいろ心配になってきますが，東京に戻ってきたとき，連絡を取ってきてくれたのは，何らかの意味で観察者によって支えられる期待があったからでしょう。
　もう一つ観察者にとっての大きな不安は，自分のことをあかりちゃんが憶えているだろうか，ということでした。意外であったことは，実際に会ってみると，あかりちゃんにじっと見つめられたことでした。お母さんが真っ先に話したことは，実家でも二人の子の世話が大変だったこと，そして母自身の体調も悪かったので最悪だったことでした。母親の話に聞き入っていた観察者がふと気づいたのは，あかりちゃんは身動きもせず観察者をじっと見つめていたことでした。もっとも目が合っているうちに，あかりちゃんは泣き出してしまったのですが。

　次の観察では笑い顔で迎えられても，すぐに泣き顔になったとき，観察者は焦ってつい抱っこしてしまいました。観察者はただ観察することに耐えられなかったからです。ところが，あかりちゃんは観察者に顔を背けて必死になって母親の方を見たので，あかりちゃんの凝視は観察者への人見知りであるように思われましたが，まだ生後４カ月ですから人見知りには早すぎます。観察者への凝視には，もっと違う意味があることがわかってきました。それは泣き出した後，久しぶりに見た授乳の場面のことです。

「ぐずり出したので，母親はあかりちゃんの顔をのぞき込んで，おっぱいを欲しがっていると確信した。二人の間での交流の様子を見て，私は母親があかりちゃんの気持ちを受けとめていることに感銘を受けたものの，同時にそこからの疎外感も感じた。授乳でも，以前と違って母子の楽しい交流がある授乳に変化していて，母親は穏やかな表情であかりちゃんを見ていた。授乳が終わって母親があかりちゃんを敷物の上にゴロンと横たわらせたところ，すぐにあかりちゃんは頭を斜め上に上げて，私の方をじっと見つめた。母親は『すっごく見てますね』と言った。私はあかりちゃんに『こんにちは，……です』とあらためて自己紹介した」

Q&A：このような再会について，皆さんはどんな感想を抱かれましたか？ 4カ月の赤ちゃんは2カ月離れていた観察者のことを忘れていなかったようです。久しぶりに会った観察者に人見知りのような反応をしましたが，微笑んだりして親しみも示しています。とりわけ興味深いのは授乳場面でしょう。授乳が終わってから，マットの上に横たわらせられると，頭を持ち上げて観察者をじっと見ていたのです。母親に感銘を与えたような凝視が意味したものは何でしょうか。

おっぱいで満足したのは明らかです。母親はあかりちゃんの気持ちを理解して，それに応えているし，授乳中もわが子に関心を向けています。その親密な交流を見て，観察者は疎外感も感じています。母子の交流は母親がおっぱいを求めるあかりちゃんの気持ちをよく見て，それをわかって授乳しているというように，母と子はある程度は分離した相互関係になっています。そこから疎外されたという感情は，あかりちゃんと母親，観察者の関係が3人の対人関係――三者関係になってきているからだと思われます。観察者はこの間母子の関わりに観察者として関与していなかったので，余計に排除されたという気持ちが喚起されたのでしょうが，観察者がいまや第三者になっていることと，あかりちゃんの凝視とが関係していないでしょうか。

その点では，アリスの観察のことが思い出されます。そのときは授乳中

に観察者の方を見て微笑んだりもしたときに，母親は窓の外を見て疎外感を感じていたようで，そこでも三者関係の萌芽がありました。それと比べると，ここでは観察者が見守る中で母親との親密な関わり——おっぱいが実現しているようです。入院のトラウマによって深く傷ついた母子の絆が回復し，母親もわが子の気持ちがわかってきて，自分が与えるおっぱいと抱っこに自信をもってきているようです。ところがおっぱいの後，赤ちゃんは母親でなく，観察者を凝視したのです。

　もっともあかりちゃんの観察でも，授乳中に観察者は疎外感を味わっています。それを感じつつも見守っていたので，あかりちゃんはおっぱいに没頭できたと思われます。授乳後に観察者を凝視したとき，お母さんが疎外感を感じなかったのは，自分がいいおっぱいを与えたと感じ，あかりちゃんとの関係の修復を観察者に見守られたと感じたからでしょう。

　そんなことがあるだろうか，それは心理学や精神分析の机上の空論に過ぎないのでないかと懐疑的になるかたもいるかもしれません。もっとものようにも思われますが，その後，あかりちゃんの凝視がどうなったのか，それへのお母さんの受けとめ方を見てみましょう。そうしたら私が述べたことが，空論ではないことが理解できると思います。

　その後，あかりちゃんはよく観察者を見つめ微笑むようになって，「おっぱいが終わると，あかりはぐるっと体の向きを変えて，私を見て笑いかけるようになった。それを見た母親は『何かわからないけど，センセイがいるとあかりは静かなんですよ。全然違うんです』と言った」と記録されているように，とりわけ授乳後，観察者の存在があかりちゃんにとって大切な意味をもっているようだし，それをお母さんも感じています。

　観察者に関心と愛着を表しているわが子の積極的態度を見ることは，母親にとっても嬉しいことであったようで，それによって子育てへの自信と観察者への信頼感が強まっていったと思われます。おっぱいはちょうど2歳の観察終了のときまで続いていったものの，その間にあかりちゃんの好奇心と探求心は旺盛になっていって，中でも遊びによって入院のトラウマを象徴的に再現するようなときには，必ず観察者の方を見ることが繰り返されていきました。

あかりちゃんの観察は，赤ちゃんにとっておっぱいと抱っこだけでなく，母親とのアイコンタクトがこころの成長に必要なこと，とりわけ離乳に向かっていくとき，第三者としての観察者との相互凝視が重要であることを強く示唆しています。この問題をさらに考えていくために，次に紹介するのは，観察のはじめから観察者への凝視が目立った赤ちゃんと母親との関係の観察です。

2．「ひとみちゃん」——観察者，凝視される

　ひとみちゃんは第一子の女の子で，満期で生まれた健康な赤ちゃんです。ご両親とも観察に積極的な関心を示してくれました。観察者は女性の臨床心理士で，その当時乳児院でも働いていました。生後10日目の観察が，ひとみちゃんとの初対面です。

　　「隣に座った私の方に顔を傾けひとみちゃんは大きな目を向けた。初回に機嫌よくはっきりとこちらを見て，私を迎えたのは驚きだった。母親と私が出産の話などをしている間，私が母親とひとみちゃんを交互に見ていると，手足を盛んに動かし，顔を左右に動かして小さな声を出した。……その後ぐずりがちになったので母親はひとみちゃんを抱き上げて，授乳を始めた。ぴったりと母子が密着して，動物的で温かさや心地よさが感じられる幸福なひとときのように見えたが，哺乳状況について母親は距離をとった口調で報告するところもあった。授乳中に観察者に話をするパターンはその後も続くことになる。授乳後ひとみちゃんはどうしても，いろいろ抱っこを試みても落ち着かなかった」

次の回も，

　　「布団に寝かせられた赤ちゃんは寝入らず，大きく目を見開いてキョロキョロして，私の方にしっかり顔を向け，じっと私を見つめた。それから目を盛んに動かし手足も動かしていると,それを見てお母さんは『何を考えているのか,さっぱりわからない。宇宙人みたい』と言いつつも，舌を出したり引っ込めたりしているのを見て『やっぱりおっぱいをくれる人ってわかっているんでしょうか』と言う」

しかし生後1カ月半になると，ひとみちゃんの泣き声に対して「抗議しているみたい，人間らしくなった」と言ったように，母親はわが子の気持ちがわかるようになって，横抱きにすると「わたしと向き合うと落ち着くみたい」ということに気づきます。何か声を発すると「おしゃべりしているの」と顔をのぞき込んだりして，ひとみちゃんの気持ちをよく見て感じとっています。

　Q＆A：ここでちょっと感想を話し合いましょう。何よりも初回での，生後10日目の観察者への凝視ですから，観察者だけでなく私たちにとっても驚きでした。観察者の視線に対する能動的で「主体的」と感じられた反応です。観察者が赤ちゃんの凝視で「迎えられた」と感じたのですから，単純に外部からの刺激への反応とは違って，凝視は人間への反応だったと思われます。この初期の段階では，観察者はひとみちゃんにとって何者なのでしょうか。抱っことおっぱいを与える母親と違った人なのでしょうか。

　おっぱいと抱っこを与える母親は生まれたばかりの赤ちゃんにとって，別の存在ではなくておっぱいであって，おっぱいママと自分（赤ちゃん自身）が繋がっている，あるいはおっぱいは自分の一部か自分の延長であるように感じられると考えられています。なぜならおっぱいの欲求が感じられるや否や，それを感じとった母親によって授乳がなされるからです。少なくともそのような**母子一体感**の体験が赤ちゃんのこころが成長していく基礎であると考えられています。

　実際，観察者への凝視はおっぱいの体験と関連がありそうでした。お母さんは感受性豊かな女性でしたが，当初は授乳中に観察者に向かって話しかけるところがありました。それは赤ちゃんの気持ちがわからず，「宇宙人みたい」という戸惑いの気持ちからだったのでしょう。そうすると授乳中にママが自分を見ていないことを感じとって，ひとみちゃんは授乳後ぐずったと思われます。期待したおっぱいママからの視線を，授乳後，観察者からの視線の中に見出して，観察者を凝視したとも考えられます。そうすると赤ちゃんが求めたものは，母親のこころのこもったおっぱいである

とも言えるし，ひとみちゃんにとって観察者の眼差しは母親の眼差しを意味したと言えそうです。
　もっとも，お母さんはすぐに，ひとみちゃんの気持ちを理解していきます。「抗議しているみたい」と気持ちを汲み取っています。にもかかわらず観察者への凝視は一貫した特徴でありました。もう少し観察を追っていきましょう。

第 15 週目の観察：

　「仰向けになっているひとみちゃんの前で，母親が私に，『夫に対するひとみの態度は，私への態度と異なる』ことを話し始めると，ひとみちゃんは母親とわたしを見比べるように見てから何本かの指を口の中に入れ声を出した。母親が抱き上げると，ひとみちゃんは身をよじって，不自然な体勢になっても，私の方を見ようとした。その様子を母親もわたしも興味深く眺めた」

第 18 週目の観察：

　「やはりぐるりと顔を回して，穴が開くほど私の顔を見つめた。お母さんが『いつも来るKさんだね』と声をかけると，ひとみちゃんは母の顔を見てニコッと笑い，きゃきゃと手足を動かして喜んだものの，再び観察者を凝視した。わが子が見比べをしなかったので，母親はひとみの手に触れて小声で，『おーい，ママもいるよ』と声をかけた。するとひとみちゃんは母親の方を見てにっこりして，興奮したように声を上げて手を動かした」

　Q＆A：ここで考えてみましょう。興味深いのは，母親が観察者と話し合うと，ひとみちゃんは両者を見比べることです。あたかも観察者と母親との違いを見ているようです。それはママの二つの面，おっぱいママと観察するママとを見比べているとも思われますが，母親がひとみちゃんの自分への態度について，夫（父親）への態度との違いに言及しているのですから，この段階で，おっぱいママとは異なった第三者としての観察者（父親）への凝視への移行が生じているようです。
　このお母さんは感受性豊かで，しかも安定した母親であることは，わが

子が観察者に強烈な関心を向けても，傷ついたり焦ったりするのでなく，赤ちゃんの自発的な反応を受け入れ，しかもおっぱいと抱っこを与える『ママはここだよ』と呼びかける大らかな態度に表されています。おっぱいママと観察するママ（パパでもある）とが赤ちゃんのこころの中で結びつくことが重要であることを，彼女はこのような対応で表しているのです。次の観察は興味深いので，長くなりますが引用します。

第 20 週目の観察：

「観察のはじめから，穴の開くほど私を凝視するが，反対側から覗きこんでいる母親を見てからは，二人の顔を交互に見る。……今日初めての授乳だと言って母親は横抱きにして『飲んでみる？』と声をかけると，『あう，あ』と喋り，母の顔を見上げて，にっこりとした。母親と私が会話をすると，私を見つめ手を口に持っていって舐めたりお喋りをしたりしていたが，そのうちに母親の胸に顔をつけたので，母親は服をまくって乳房を出した。ひとみちゃんはすぐに乳首に吸いついて，『んぐ』と声を出しながら吸い始めた。半目を開けていて，左手で母親の指をつかんで，盛んに口を動かして熱心におっぱいを飲んだ。母親が何か私に話しかけると，ひとみちゃんはすぐに口から乳首を外して，顔を上げて私を見つめた。私を見ながら少し口を開けて，じんわりと笑顔を浮かべた。私が『飲んでるのー』と声をかけると，再び頭を動かして乳首に向かった。母親も私も黙って赤ちゃんを眺めていた。乳首をくわえながら，ひとみちゃんが『うん』と声を出すと，母親も『うん』と小声で応えた。それが何度となく繰り返された。その後は黙々とおっぱいを飲んだ。……ひとみちゃんが口から乳首を離すと，母親は覗き込んで表情を見ていて微笑んだ，ひとみちゃんが笑顔を浮かべたからだろう。それからひとみちゃんはしばらく一人で指先をしゃぶっていた。母親は黙ってそれを見守った。私は，ひとみちゃんが授乳のよい体験を母に抱かれて一人で味わっていると感じた。

その後，母親はソファに寝かせてキッチンへ行ってしまい，目で追っても，ひとみちゃんには見えなくなった。「ひとみちゃんは再び私の方に目を向けて，手で身体の上にかけられた上着をつかんで動かして，顔を隠した。もう一度手を動かすと，顔にかかった袖がとれて，私たちは再び目が合った。私が『ば』と

言うと，ひとみちゃんはにっこり笑って，また手を動かすと袖で顔が見えなくなり，再び隠れていた顔が出てきた。それに合わせて私は『ば』と応えた。こうしたことが4,5回繰り返された。私との間で，いないいないバーをやって見せた」

Q＆A：長い引用ですが，どのように感じられますか？　お母さんはひとみちゃんのおっぱいを求める気持ちを察知して授乳しています。はじめ母親が観察者に声をかけると，すぐに乳首を出して，観察者の方を見て微笑みます。それはおっぱいママから，見るママとしての観察者に関心を切り替えたようです。観察者はしかし「飲んでいるの」と応じたので，赤ちゃんはおっぱいへと戻ります。その後の授乳は母子の間で気持ちを交流し確かめ合ってから，おっぱいに没頭します。そして乳首を出した後，母子は見つめ合って微笑んでいたように，おっぱいとアイコンタクトが結びついています。観察者は母子の交流を見ながら美しい音楽を連想していたのですが，そのように美しく満足した授乳でした。

　興味深いことは，授乳のはじめを除いては，観察者をじっと見ることがなかったことです。ただ授乳後，母親が見えなくなったとき，ひとみちゃんは再び観察者を見て，観察者相手にいないいないバー遊びをしたことについては，みなさんはどう思われますか？

　わたしは観察者の眼差しが，おっぱいに欠けていた母親の眼差しを意味したのでなく，観察者に見てもらえたので，おっぱいの不在と顕現を象徴する遊びが可能になったと思っています。そのときの実際の状況は，満足させてくれたおっぱいママがいなくなったときであり，ママの不在に直面して，観察者との間の象徴的な遊びで，ママの不在の苦痛を何とか乗り越えようとし始めたと見ることができます。そこでは観察者は不在のママであり，また再現したママでもあったということができます。

　母親が急いでいなかったこともあって，実際の離乳食の導入（1歳1カ月）はまだまだでしたが，第三者としての観察者は，おっぱいママの不在に直面していくうえで，重要な役割を演じていくのです。それこそが離乳が意味するものであり，母子の分離という心的プロセスにとって，何もしないで見ている観察者の存在の大切さをこの観察は教えていると思われます。

Ⅵ　おわりに

1．日本の子育てと赤ちゃん観察

　日本における赤ちゃん観察は，おっぱいと抱っこというスキンシップが重視される母子関係の観察ですから，ソトから来る観察者は侵入的であり，母親の見られる不安が強いだろうとの予想にもかかわらず観察に協力的である母親がいたし，また実際に赤ちゃん観察の中で発見されたことは，赤ちゃんが観察のごく初期から，ただ見ているだけの観察者を凝視してアイコンタクトを求めてくることでした。

　赤ちゃんの凝視は観察者への強い関心であると観察者に感じられるし，それを見る母親にもそう感じられる視線です。おっぱいを与えてくれる母親とは違う，何も与えない観察者を凝視することが何を意味するのかは，私たちに徐々にわかってきました。赤ちゃんにはアイコンタクトが重要であって，赤ちゃんが観察者に愛着心をもつようになることがわかってきたからです。おっぱいと抱っこの母子関係の中で，観察と視線交流がきわめて大きな意味をもつことが明らかになってきたのです。

　赤ちゃんが観察者を凝視するのは，自分のこころに関心をもって理解しようとする観察者が赤ちゃんのこころの成長に大きな意味があるからだと思われます。また，おっぱいの喪失に直面する離乳期においては，遊びの中で観察者とアイコンタクトを取ります。赤ちゃんは観察者の方を振り返って，自分が見られていることを確認してから，また遊びに戻ることを繰り返します。観察者との相互凝視は，おっぱいと抱っこ中心の母子関係においても観察されることやアイコンタクトが重要であることを強く示唆しています。

　私はアリスの観察において，観察者としての母親の在り方に感銘を受けて，アリスをわかろうとした母親が離乳を進めるうえで重要であると思ったことはすでにふれました。また観察者を凝視したのはおっぱいが失われる不安のときであって，そのときは第三者である観察者の眼差しと関心がアリスに重要になってくることにも触れました。もっともイギリスでの赤

ちゃん観察のセミナーや乳幼児観察に関連する研究会において，観察者への凝視やアイコンタクトの重要性が論じられることは，私が観察を行った1980年代はほとんどなく，その後ロウド（Rhode）やハーグ（Haag）などによって，ようやくその重要な意義が認識されるようになってきました。

それに対して日本では観察者との視線交流とアイコンタクトが目立ち，その意味が大きなテーマになるのは，一つにはおっぱいと抱っこが中心の母子関係の現実があり，またそうした母子関係のイメージが強調されてきたからかもしれません。また母子関係に第三者として父親が不在である育児状態の中で，赤ちゃんは母だけでなく父との関係を潜在的に求めていることが関係しているかもしれません。自分（赤ちゃん自身）を観察する母親，そして自分を観察する第三者への強烈なニードが赤ちゃんに存在することを，私たちは真剣に考えていかなければならないようです。

2．赤ちゃん観察とこころの援助職

私たちがこころに問題を抱えた人たちを援助するとき，赤ちゃん観察の方法は大きな意義をもつと考えられます。私たちは傾聴して共感することが大切であると教育されていますが，すぐに「どうしてあげたらいいだろう」とアドバイスや解決法を考えて与えようとします。赤ちゃん観察は観察して，不安を受けとめつつ，その意味について考えるという関与の仕方の大切さを私たちに教えているのです。

それは，赤ちゃんを抱えた母親の子育て支援においては，赤ちゃんとお母さんとの間で何が起きているのかをよく見て，大変さを受けとめながら考えていくことの重要性を意味しています。観察する第三者としての援助者が，泣く子と毎日世話に追われるお母さんとに対して必要な関わり方なのです。

それは赤ちゃんの育児の問題だけでなく，幼児や子ども，思春期青年期の少年少女，そして大人のこころの問題に対して，医師として心理療法家として，保健師や保育士として，あるいはスクールカウンセラーとして関わるときの，基本的な関与の在り方なのです。誰かが関心をもって自分を

見てくれていることが，本人にとってまず必要なことなのです。それはただ傍観しているということではなく，子供やクライエント・患者さんへの感情的反応を大切にしながらよく見て，相手のこころを理解していくことであって，それが重要であることを教えているのです。

謝辞：このあかりちゃんとひとみちゃんの二人の観察の引用を許可して下さった各々の観察者，白井千代，長谷川昌子の両先生と，観察内容の出版を快く許可して下さったお母さんがたに心より感謝いたします。

文　献

Haag, G. (2000) In the footsteps of Frances Tustin: Further reflections on the construction of the body ego. International Journal of Infant Observation, 3 (3) ; 7-22.
Rhode, M. (1997) Psychosomatic integrations. Eye and mouth in infant observation. In Reid, S. Ed. Developments in Infant Observation. Routledge.
Robertson, J. (1952) Film; A Two-Year-Old Goes to Hospital. Tavistock Child Development Research Unit. New York University Film Library.
Rustin, M. (1989) Encountering primitive anxieties. In Miller, L. et al Eds. Closely Observed Infant. Duckworth.

第 2 章
乳幼児観察は子どものこころの診療[注1)]

I はじめに

このタイトルを「乳幼児観察は子どものこころの診療」としたのは、子どものこころの診療は乳幼児観察の応用でも展開でもなく、乳幼児観察＝子どものこころの診療であるという臨床経験に基づいたものです。

乳幼児観察の観察構造（図2-1）は、主に母子関係、時には父親や同胞などが観察内に現れ、観察者はそこでのやり取りに細心の注意を払い、記録します。特に観察のポイントは母親の対応、乳幼児の行動、プレイとその相互関係などです。その後、**乳幼児観察グループ**では、観察記録の背後にある乳幼児、母親の**空想**について議論され、時には観察者の空想にもその範囲が及びます。観察者には精神分析に必要な**中立的かつ受動的態度**が

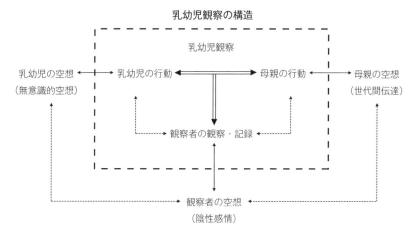

図2-1 乳幼児観察（Infant Observation）

注1) ここでは赤ちゃん観察（Baby Observation）ではなく、**乳幼児観察（Infant Observation）**を使用する。また、「子どものこころの診療」とは、精神分析的な視点からの小児科、精神科での診察、心理療法を意味している。また、こどもでなく、子どもという表記を用いる。

求められ，観察中のメモは禁止されています。育児の手伝いや観察者からの被観察児への遊びの誘いは慎まなければなりません。観察者が世話的な行為を控えることによって，無力な乳児への**同一化**は強まり，より乳児の情緒を理解することが可能となるのです。同時に，観察時の観察者自身の感情，情緒に注意を傾ける必要があります。観察記録は事実に則したことのみを記述しますが，セミナーでの議論において，行動の背後にある無意識的コミュニケーションを理解する際には，観察の**逆転移**的な情緒も含めて利用しながら行います。

　子どものこころの診療では，子どもは言語表現能力が乏しいため，問診に充分に応じることができないと感じる専門家は多くいます。その結果，保護者の情報のみが重視されることになり，子ども自身の心的世界に直接的に焦点を当てる精神分析的アプローチが困難となります。さらに，子どもの年齢によって異なる発達状態が，診断や病態水準の判別を困難にしている。乳幼児観察の経験は子どもの初回面接について特に重要であり，子ども自身のこころのありようを明らかにしなければ意味を為しません。保護者面接を先にして，保護者からの情報を聞くとすれば，私たちはその苦悩だけを理解して，その情報を鵜呑みにしてしまうことになるでしょう。特に子どもと保護者の同席の初回面接では，子どもと保護者は緊張下にあるために，子どもは**退行**し保護者はその対応が迫られるというストレス状況に置かれます。この設定は千載一遇の好機であり，その人たちは私たちの観察眼をどのように感じているのでしょうか。この観察眼は主に乳幼児観察で養われるものであり，私たちはこの親子の背後にある空想に思いを馳せることができます。初回面接のこのとき，この一瞬をとても大切と考えることができない医師や心理士がいるとすれば，それは専門家として**機能**していないでしょう。今はこのときしかなく，次の診療はないかもしれないからです。ウィニコット（**Winnicott**）は保護者とは同席ではありませんが，『子どもの治療相談』において，いかに初回面接が重要であるかを力説しています。

　私は子どものこころの診療について，乳幼児観察の経験をもとにモデル（図 2-2）として試みていますが，この**精神分析的コンサルテーション**につ

いて具体的に記述します。ここでは保護者と子どもをペアとして考え，まず専門家は保護者に現病歴，生育歴，家族歴等を尋ねながら，その全体像を明らかにします。これは乳幼児観察であれば，母親との会話に相当する行為です。子どもは自分に関連した会話に，意識，無意識的な注意を払っているために，その子どもの反応や行動，プレイに注目します。これこそが乳幼児の観察です。つまり，私たちは保護者の言動に耳を傾け，目は子どもの非言語的な行動やプレイに向けます。私たちは主に子どもの非言語的表現を観察し，保護者の意識と子どもの無意識に関与しながらコンサルテーションを行います。描画は非言語的表現として最もわかりやすいものですが，子どもの行動やプレイにも大きな注意を払うことが大切です。母子同室での描画を中心としたコンサルテーション技法を「**自由描画法**」としてすでに論じているが，絵を描かない子どもたちへの対応も含めて，広い視点から，この子どものこころの診療，特に初回面接の詳細を提示します。

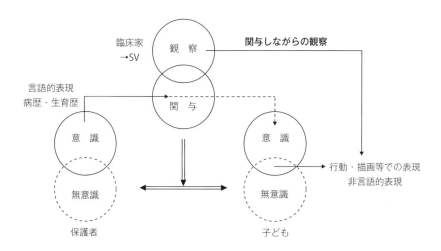

図2-2　子どものこころの診察の構造

①挨拶に続いて，両者の行動・関係性の観察後，まず子どもに受診の理由を尋ねます。この際，子どもが自由に答える場合もありますが，まったく答えることができずに，母親の顔を見たり，母親に寄り添ったりする場合もあります。子どもの話を聴いた後に，保護者から話を聴くことを両者に伝え，子どもには自由に絵を描くとか，遊んでいて欲しいとだけ穏やかに指示します。初回面接時の子どもの多くは緊張しており，自由に発言したり，遊んだりすることはできません。専門家と距離を置くことで，子どもの警戒心が解かれ自由に心的世界を表出しやすい設定を作ります。また，ほとんどの子どもは来院の経緯を承知しているが，ここで保護者が病歴を語ることにより自分の病状に焦点が当てられます。ここでの子どもと保護者のペアは乳幼児観察のペアであり，ここでの関係性や無意識的交流が見事に表現されます。

②専門家は保護者の会話内容と子どもの描画やプレイの内容に常に注意を払います。時に，保護者の発言を中断させて，子どもに描画やプレイについての説明を求めることもあります。この介入によって，初めて子どもとの会話が可能になり，子どものより明確な心的世界を表現する扉を叩くことができます。乳幼児観察では，母子関係だけでなく父親や同胞から，時にはペットや電話のベルなど，第三者からの侵入がありますが，専門家は第三者として振る舞うと同時に，子どもの反応に注意を注ぎます。専門家の関心と理解は子どもの知ることへの渇望（**認識愛的本能**）を刺激することであり，子どもはより一層自分の心的世界への関心を深めます。保護者からの情報が充分であると判断した場合や子どもの心的世界の表現が保護者に衝撃的であると思われた場合には，保護者に退室を依頼します。

③ここで表現される描画やプレイは，多くの場合保護者の話す本人の病歴に関係した世界です。専門家はこの描画やプレイによって子ども自身がどのように自分の症状を考えているかを思慮します。さらに，専門家は描画やプレイの世界を理解するために，さらに積極的に質問や

明確化をさりげなく試みます。

④この描画やプレイの世界について，乳幼児観察からの経験をもとに子どもの心的世界，母子関係に関する空想や葛藤を，セラピストはこころに描くことが大切です。ここには，早期の母子関係のナラティヴである，**エディプス，早期エディプス**，さらには**母子一体化空想**などの多くの物語が展開しています。時に探索的な解釈を試みることにより，子どもの心的世界を精神分析的に展開させることが重要です。この際，解釈に対する反応を重視します。これはクライン派の基本技法である〈不安－解釈－反応〉という形式に従っています。そして，ここでの反応と対象関係の布置に関する評価が病態水準を規定する指標になります。

次に，子どものこころの診療において，乳幼児観察の経験が大きな役割を具体的に果たした症例を提示します。

II 症例

【症例】
8歳の男児

【主訴】
勉強への意欲がなく，宿題をさせるのがとても大変である（母親談）

【受診経路】
心理職の専門家でもある塾の講師より知的障害の疑いで紹介

【初回面接】
　Aは母親と一緒に入室した。Aは母親に密着し，あたかも幼い子どものように見えた。私は自己紹介をして，Aと母親に着席を促した。Aは母親の隣に座り，母親の身体に自分の身を委ねた。私はAに今日，ここを受診した理由，困っていることについて尋ねた。Aは母親の方を一瞥し，「ない」と甘えた口調で答えた。私は勉強のことで困っているのではないかと尋ねると，Aは「嫌なときもある

かな」と他人事のように答えた。Aは母親と密着しているものの、コンタクトは悪くなく、発達障害を疑わせるようなコミュニケーションの問題は感じなかった。私は母親に受診の経緯を尋ね、Aに机の上のおもちゃや色鉛筆で絵を描いて遊んでいて欲しいと伝えた。Aはこの申し出に乗り気でなく、そのままの母親に寄り添う姿勢で話を聞いていた。

　母親は塾の先生に上の息子の勉強を頼んでおり、今まであまり勉強をしなかった長男が勉強に意欲的になってきたので、次男のAの勉強も頼もうと思って面談に連れて行ったが、塾の先生から一度、私の診察と（知能）検査を受けてからが良いと示唆されたということであった。

　母親は長男にはまったく手が掛からないが、Aには宿題をさせるだけでもとても大変であることが語られた。このときにAは母親の膝枕で身体を横にして、天井を見ていた。私はAをあたかも大きな赤ん坊が不安そうに天井を見ながら、横たわっているかのように感じた。

　私はAに好きなこととして遊んでくれて大丈夫だよと伝えたが、Aは首を横に振った。私はAにここに来たくなかったのではないかと尋ねると、Aは肯定した。母親はAが昨晩から緊張していて、自分だけどうしてここに受診しなければならないのかと不満たらたらだったと語った。

　母親は今、こんな感じであるが、学校では元気にし、サッカーのチームに所属し、ピアノを習い、友達関係にも問題がない。学校から帰宅するとどこかに遊びに行くわけでもなく、ごろごろテレビを見て、母親に煩わしいくらいに話しかける。担任教師からは特に苦言を受けていないが、勉強はまったくしないので、テストの点が悪く、将来が心配であることが語られた。母親は自分も成績がよい方ではなかったので、高望みしているつもりはないと付け加えた。

　Aは起き上がり、私の方を見てはにかみながら笑った。私はAにどうして遊びに行かないのかと尋ねると、Aは家にいた方が好きだからと答えた。母親はやや呆れ果てた雰囲気であった。

　Aは元々内向的であり、幼稚園の年少のときには**母子分離**が大変で、夏休みまで最初の1時間ほど泣き続けて、一人でいることができなかったということであった。ただ、それ以外の問題はなく、**乳幼児健診**、**就学前検診**等で問題を指摘されたことはなかった。

私は妊娠からの生育歴を尋ねた。Aは正常出産，特に異常なく成長した。ただし，生後3カ月のときに肺炎で1週間の入院をしてから，乳首が離せなくなってしまった。また，この時にアトピー性皮膚炎の疑いがあり，断乳してアレルギー用のミルクに切り替えなければならなかった。3歳の頃までしばしば乳首を吸っていることが多かった。それ以外の運動，言語面での発達は問題なかった。母親はAが甘えん坊で，夜も一人で眠れないので，手を触ってあげないと寝つけないことを語った。
　私は家族について尋ねた。Aの家族は父親，母親，長男，次男の4人家族であり，父親は自営業を営んでいる。今の住まいは母親の実家の近所であって，親類も近くに住んでいるということであった。Aは皆から可愛がられているということであった。
　父親の実家は近県の山の中であり，ときどき訪れると親戚一堂で和気あいあいとした雰囲気で，Aも大好きであるということであった。
　兄との関係では，兄がAに命令をしたりするが，悪くない関係のように見えるという感じとのことであった。Aは母親に相変わらず身を委ねたり，時に机に身を委ねたりしながら，いかにも退屈そうに二人の話を聞いていたが，家族の話にはにこにこしながら，時に口を挟むこともあった。
　私はAに甘えん坊さんであって，夜寝るのが怖くて，母親と一緒なのかと尋ねたが，Aは怖くないけど，寂しいからと恥ずかしそうに答えた。私は夢を見ることがあるかと尋ねた。Aはないと簡潔に即答した。
　私は塾の先生から勧められたクイズのような検査をして欲しいとAに頼むと，Aは渋々ながら承諾した。私は母親とAに検査終了後に，再度受診してくれるように伝えて終了とした。
　Aの母親は穏やかな母親らしい雰囲気のする人であり，Aに対しても適切に対応している様子が見られた。Aは初回面接中に机の上の文具もおもちゃも触ることもなく，母親と密着して時間を過ごした。

【初回面接のコメント】

　初回面接後に私は途方に暮れた。Aはおそらく知的障害も含めて発達的な問題はないものの，面接のすべての時間を母親に身を委ねて過ごした。

Aは私に何を伝えたいのか、まったく理解できなかった。私は次回の面接まで、ときどきこの疑問が勝手に脳裏に浮かび、もの思いに浸らざるをえなかった。私はAがまだ初歩もままならない乳児であり、その乳幼児観察を行っているかのように感じた、というよりそのものであった。Aはなぜ乳幼児だったのか、これがこの症例の鍵を握っているに違いないとだけ結論したが、その内容はラビリンスの中であった。また、Aのどうして「自分」だけが受診するのかという文言が記憶に残った。

【2回目面接】（初回面接後5週間後）

　母親のみで単独受診した。この間、知能検査（WISC-Ⅲ）を行い、検査結果のほとんどが平均であり、この点からすればまったく学習の上で支障がないことを確認していた。

　私はその後のAの様子を尋ねた。母親はAが幾分、先日の検査結果を気にしているようであり、今日は本当に久々に友だちと遊びに行ってしまったと答えた。また、Aは勉強のことも気にしだして、補習の勉強に参加したり、友だちと一緒に勉強をしたりしているが、プライドがあるらしく、一人でも頑張るようになったと語った。私は知能検査の結果について、基本的な学習への潜在能力は人並みにあり、小学校低学年では困ることはないだろうと伝えた。

　母親はこの結果を単純に喜んだだけでなく、やや当惑したかのような表情も浮かべた。母親は兄と比べるとAはなかなか難しくて、どうしたら良いのかわからないことが多いと母親はやや途方に暮れたように語った。そして沈黙の後に、母親は「他に何か理由があるのでしょうか」と自問自答するかのように私に尋ねた。私は何か思い当たることがありますかと尋ね返した。母親は真顔になり、そして俯き加減に、「今まで誰にも言えないことがあって、ご近所の人は薄々、気づいているのでしょうが。夫以外の誰にも直接、話したことがなくて、きっとこのことが理由なのかなと思います」と目に涙を浮かべながら、粛々と語り始めた。Aの祖父母は母親が生まれる前から食堂を営んでいた。街の商店街の庶民的なとても美味しいという評判の店で、お客が絶えることはなかった。Aが生まれる2年ほど前に、祖父の悪性腫瘍が発症して歩くこともできなくなってしまった。食堂は地方で料理の修業をしていた母親の兄が実家に戻り、

後を継ぐことになった。祖父は車椅子生活で入退院を繰り返し，兄は1年程，食堂の跡継ぎをしていたが，母は「やはり味が落ちたというか，きっと味が違っていたのでしょうが，段々，店が閑散としてきてしまって，母親の兄はふさぎ込んで，閉店せざるをえなくなってしまって……」と語った。

　その数カ月後に，その兄は自らの命を絶ってしまった。その兄は30歳そこそこで，このときAは生後6カ月だった。母親は哀しくて寂しくて，Aをずっと抱いたままだったことを語った。さらに，母親は「これだけでも充分に哀しいことなのですが，まだこの先があって……」と私に覚悟を促すような，丁寧な前置きをした。

　Aの祖母は気丈な人だったが，祖父の看病疲れもあったのであろうが，兄の自殺後に強くショックを受け，兄がうつ状態だったとき以上に塞ぎこむようになってしまった。祖母は精神科にも受診し，うつ病ということで服薬もしていた。しかし，兄の自殺から半年後のある日，嫌な予感がして実家に行ってみると母親がいなくて，きっと自殺に違いないと思った。Aを抱きながら，兄が亡くなった場所に行ってみると，そこはすでに人だかりだった。母親はさらに大粒の涙を流しながら言葉を失った。筆舌に尽くしがたい不幸を目のあたりにしたかのように，私も言葉を失った。

　しばらくの後，母親は涙を拭って，祖父はその後奇跡的に頑張って歩けるようになり，2年前に亡くなったということを語った。さらに，母親は溢れんばかりの涙を目に溜めて，「子どもの友達のお母さんたちは皆さん，私のことを明るくって元気ねとおっしゃってくれるんですけれどね」と自分を元気づけるように語った。私はこの話を聞きながら，降りかかる突然の不幸と，どうにも抵抗することのできない母親のつらさを感じていた。母親は「私が赤ん坊のAをしっかり抱くというか，私が誰か，何かにしがみつきたかったんですよね」としみじみと語ることで面接を終了した。

【2回目面接のコメント】

　この面接で語られた母親の内容から，私の疑問は一気に晴れた。しかし，私のこころには大きな漬物石を投げ込まれたような大きなショックを受けて，なかば放心状態に陥った。私の疑問は謎解きのような知的関心に過ぎ

なかったことを実感し，Aの乳幼児期の母子関係は悲惨なものであったことを思い知らされた。私の**転移状況**は乳児期のAであり，大きな漬物石は乳児期のAに投げ込まれたものであっただろう。私の脳裏には，母親が抱っこ紐の中のAを強く抱きながら，人込みをかき分けて祖母を発見し，泣き崩れる母子の姿がビデオ映像のように数回流れた。この視覚的なイメージこそがトラウマなのであろう。私は母親の話に圧倒されて，言葉を失っていた。私は一切の解釈をすることもできなかった。私は母親の**コンテイナー**として機能したのであろうか。私はAであり，Aは必死にこころを破綻させずに凌いだことを考えれば，おそらくAのように母親の最低限のコンテイナーとして機能したのであろう。この母子は未だにAが乳幼児のときを生きて，その哀しみを分かち合うことで生き抜いてきた。初回面接時のAの赤ん坊のような態度，母子の不自然な密着する様相は，Aと母親の乳幼期の再現であると私は確信した。Aは私に乳幼児期の惨事を伝え，診療が必要なのは僕でなく，母親であることを伝えたのであろう。私はこの悲惨な出来事にも負けることなく，力強く育児に勤しむ母親に素直に感動した。

【3回目面接】（2回目面接から5週間後）

　Aと母親が入室した。Aは以前ほど緊張した様子はなく，背筋をしっかりと伸ばし，母親との距離も充分だった。母親はAに，元気になった自分を私に伝えるために受診を勧めた，と話した。

　私はAに困りごとを尋ねると，Aは宿題も大丈夫だし，算数の九九もすべて覚えたと話した。私は「それでは，問題です。6×7はいくつでしょうか？」と尋ねると，Aは「42」と元気よく答えた。しかし，私は「あれ，縁起悪い数字だったね」と一人呟いてしまった。私は話題を変えて，ピアノについて尋ねた。Aはピアノは楽しいし，自分でやりたいと思って始めたけれど，発表会は恥ずかしいから絶対に嫌だと語った。母親は女の子を欲しいと思っていたからですかねと，Aがピアノを習い始めた動機について補足した。

　そして，母親はこの1カ月前から，一人でコンビニに行くこと，一人で留守番もできるようになったことをとても嬉しそうに語った。私はAにこうした事ができるようになった理由を尋ねたが，Aは本当にわからなそうに首を傾げた。

母親は一人で寝るのはまだ難しいそうであるが，随分と添い寝の時間が短くなったと伝えた。Aはこうした報告を満足気な表情で母親の隣で聞いていた。Aは自らお正月に父親の実家で従兄弟たち大勢と一緒に遊んで楽しかったという報告をした。

　母親は本当に急に元気になった感じで，とても嬉しいと笑顔で語った。Aの勉強はこれからのことで，兄は友達6名と一緒に仲良く塾に行っているが，Aには一緒に塾に行く友達はまだいないので，これからゆっくりやればいいと思うと語った。

　私はAが随分と元気になり，おそらく母親が自分の重荷を吐露できたからに違いなく，少しは気持ちの整理に役立ったのではないかと尋ねた。母親はしっかりとそれを肯定し，「気持ちは随分と晴れやかになり，人に話すとこれだけ違うんだなと実感しました」と語った。ただ，自分が何だか，子どもたちに嘘をついているような気もするし，将来，きちんと話さなければなりませんと小声で私に伝え，AにAの絵が入選したことを語った。Aははにかみながら，初めてだったので嬉しかったと答えた。

　母親は兄や父親のことをひとしきり語った後に，「皆が成長すると，皆がばらばらになることが怖いんですよね。きっと，そんなことはないのに，それでも怖くて仕方ないんです」と家族をいつまでも一体に守りたい気持ちを訴えた。私は今までのことを考えれば，そう思うことは自然なことであることを伝えた。

　母親は「皆大きくなれば，離れていくし，自分も覚悟しなければなりませんね」と暗い声で私に伝えると，Aはすかさず「ずっと，離れないから大丈夫だよ」と応じた。母親は笑顔の戻り，「何，言ってるの。早く離れて欲しいという意味よ」とそれに切り返した。最後に母親はAがこのままで大丈夫でしょうかと尋ねた。私はまったく問題なく，とても健康ですと伝えた。Aも母親も笑顔になり，母親はAに「よかったね」と語った。

　Aは「ほら，言ったとおりでしょう」と応答した。二人は仲良く，面接室を後にした。

【最終コメント】

　本症例は乳児期に降りかかった悲劇の中を未だに生きていた母子の物語

であった。Aはそのときの乳児そのものであり，私は途方にくれた観察者であった。私は自らの観察の経験が脳裏に浮かんでいた。その母子は，父親が出張のさなかに引っ越しをしなければならず，1歳になっていない乳児が母親を慰めるというものであった。

乳児が母親のぬいぐるみのようなコンフォーターとなり，母親を支えたAはその後も母親を危惧し続け，学習や行動に大きな支障を来していたのであった。

Ⅲ　さいごに

「乳幼児観察は子どものこころの診療」であるという大胆なタイトルとして今まで記述してきましたが，これは当然メタファーであり，乳幼児観察はリアルな臨床実践ではありません。ラスティン（Rustin, 2012）は乳幼児観察と精神分析における臨床実践の類似点と相違点についての意見を述べています。類似点として，双方の**治療構造**や詳細な記録，スーパーヴィジョンなどを挙げています。相違点として，精神分析では，セラピストのこころの中で展開する仮説やアイデアが解釈過程を通して積極的に検証され探求されるが，乳幼児観察ではこの過程がないということを最初に挙げています。しかし，私たちの臨床実践では，解釈のマテリアルやアイデアがあったとしても，それを常に解釈として言語化しているわけではありません。専門家は自分の理解や解釈をこころに留めておくことは，重要な**機能**です。観察であれ，臨床実践であれ，そこで起きていることのコンテクストをいかに情緒的に理解するかということです。観察者は非言語的に表情などでその理解を伝えている。それは解釈という言語化の有無に関連することではないと思われます。さらに，ラスティンは，精神分析では，子どもの無意識にある**内的対象**を取り扱うのに対して，乳幼児観察では，乳児と交流する人との感情や思考のやり取り，こころの発達にその力点があることを挙げています。この指摘に対しては，乳幼児観察で取り扱う主に**外的世界**とのこころの関わり，そのこころの中の内的対象は連続性のあるこころの文脈であることを考えれば，これも大きな相違点とはなりえない

ように思われます。ラスティンは他の相違点として，治療か否か，臨床実践の患者と違って家族は健康であることを想定していることを挙げています。乳幼児観察は2年間に及ぶ経験であるが，ほとんどの観察では，観察が家族に及ぼす**支持的機能**に関して議論が為され，これは乳幼児観察が広義には治療機能を有しています。さらに，近年ではこの治療機能に注目して，**自閉スペクトラム症**の早期介入（Rhode, 2012）や里親での乳幼児観察（Wakelyn, 2012）が行われています。このラスティンの相違点を勘案すると，乳幼児観察の精神分析の臨床実践への計り知れない影響を知ることができます。

　最後に，乳幼児観察の体験について，スターンバーグ（Sternberg, 2012）は情緒的な気づき，それに耐えて**内省**すること，そして強力な情緒的経験を通してそのコンテクストに意味を付加する能力と思考の形式を創造することであるとしていますが，まさしく，これはセラピストに必須の能力を育成することになるのでしょう。

　乳幼児観察と子どものこころの診療はほとんど違わない治療構造を有し，乳幼児観察の経験は常に臨床実践に大きな影響を与えていることを論じました。

文　献

木部則雄（2006）こどもの精神分析．岩崎学術出版社．
木部則雄（2012）こどもの精神分析Ⅱ．岩崎学術出版社．
Urwin, C. & Sternberg, J. (Eds.) (2012) Infant Observation and Research: Emotional Processes in Everyday Lives. Routledge.（鵜飼奈津子監訳（2015）乳幼児観察と調査・研究――日常場面のこころとプロセス．創元社）
Winnicott, D.W. (1971) Consultations in Child Psychiatry. Hogarth Press.（橋本雅雄・大矢泰士監訳（2011）新版　子どもの治療相談．岩崎学術出版社）

＊本論で「さいごに」で引用した論文はすべて収録されている。

第3章
他者の気持ちに巻き込まれつつ自分でいること
茜ちゃんと家族の観察事例から

I　はじめに

　他者の世界にとっぷり浸かることによって，私たちは自分とは違う感じ方を本当に知ることができます。それは，たとえば赤ちゃんの強烈な泣き声に巻き込まれる場面を想像してみるとよいでしょう。自発的に私が何かを感じるというよりは，赤ちゃんの泣き声に私のこころは満たされ，圧倒されます。そして切実に母親を求める気持ち，授乳して抱きあげてほしいという期待，あるいは無力感のようなものが身体感覚を通して伝わってきます。赤ちゃんの世界に惹きつけられ，一体になっていく。このとき私が，生き生きと反応するこころを保てるならば，自由に考えることが再びできるようになります。ここでは一体になることに加えて，「自分でいること」が求められているようです。

　子育てでも，保育や心理的支援でも，こころの状態のこうした行き来や変動は，日常的に経験することだと思われます。巻き込まれる（相手の気持ちに絡めとられる）ことによって赤ちゃんの世界をリアルに体感できるのですが，それと同時に，自由に感じたり思考したりする大人のこころの部分も保ち続けること。こうした両立しがたいこころの働き方を「渦中で」（木部，2006）知っていくのが赤ちゃん観察だと言うこともできるでしょう。

　赤ちゃんの観察中に記録を取ることはしませんので，訪問が終わったら別の場所に移動して記録を書きます。そのとき，観察中に湧いてきていた気持ちや空想を手がかりにして，できごとの流れは思い出されます。できごとは，そこで感じていたことと共に想起されるのでしょう。ところが，ある場面だけがまったく思い出せない，あるいはひどく一般的な言葉や専門用語を使って記録を書きたくなることがありました。振り返るとそのときは，観察者がみずから主体的に考える力が失われ，起きていることにただただ圧倒されて巻き込まれていたのです。これにも大事な意味があると思われますが，赤ちゃん観察の中で，「（観察者の）こころの**観察機能の低下と回復**」を私はたびたび経験することになりました。こうしたことは観

察中に自覚したというよりは，後日，観察記録をもとにしたディスカッション（乳児観察セミナー）を通して気づいたことがほとんどでした。

　たとえば，次のような場面がありました。

　赤ちゃんの泣き声が掠れてきた頃に母親が台所から戻り，おむつを確認して抱き上げると「ちょっと待ってね」と赤ちゃんを降ろし，2階に物を取りに行ってしまう。取り残されて大声で泣いて無方向に這っていく赤ちゃん。その後のおむつ交換の場面で，母子がいかに出会ったか。母親がどんな声をかけ，赤ちゃんがどんな表情をしていたのかを，私はまったく思い出せませんでした。取りにいったのはおんぶ紐であり，おむつ交換後に母親が家事に戻るためにギュッと背負われると，赤ちゃんはすぐにまどろんでいきました。

　あるいは母子のスキンシップで，頬をくっつけ合い，大きな口で互いにガブガブと食べ合いっこをし，のけぞり，よだれが垂れる赤ちゃん。その間に一度だけ観察者の顔を見てくる。居心地の悪さを感じていたところでハッとさせられる。この一連の状況についても，その詳細を書き起こすことができませんでした。赤ちゃんの気持ちにすっかり入り込んでおり，ほどよい距離をもって言葉にすることが難しかったのです。記録には，「私（観察者）のことを参照するように見てきた」と心理学の専門用語を使ったり，「すごい興奮の中で」「興奮して」としか書けませんでした。「このとき何が起きていたのでしょうね」と，後日のセミナーで問われました。この場面については，後にもう一度触れることにします。

　この章では，赤ちゃんのこころに出会うことが大人の私に何をもたらすかについて，観察場面を挙げながら考えていきます。大人として過ごしている自分の中にもある赤ちゃんのこころ部分，という考え方が一つの指針（ガイド）になるでしょう。

II　観察の始まり

　助産院からの紹介で出産を控えた妊婦さんとその夫に会い，赤ちゃん観察についての説明をしました。打合せを2度行い，毎週の訪問を承諾して

いただきました。母親は趣旨を理解して，「(赤ちゃんの時期が) 将来の発達の基礎になるのですよね」と言い，赤ちゃん観察そのものにも興味をもっておられる様子でした。こうして観察は，赤ちゃん——茜ちゃん——の生後3週間目から始まりました。

自宅は静かな住宅街にある古い一軒家であり，訪問時間には仕事に出ている父親以外の，母親と茜ちゃん，曾祖母，兄 (3歳) が家にいます。居間の中央にはこたつが置かれており，その廊下側に私は座りました。以降，ここが定位置のようになりました。

では，まず初回 (生後15日目) の観察記録を引用しましょう。

　　四つ折りの綿毛布の上で静かにしている茜ちゃん，起きているような寝ているような。布おむつを入れる籠が近くにある。居間は片付いており，挨拶に伺ったときとは違う家のように感じる。茜ちゃんは声にならないグッという泣き声を出す。手足を伸ばしたり縮めたりが，だんだん大きくなって足をぐっと何回かつっぱる。力が入る。母親は隣の台所で家事をしているが，茜ちゃんの泣き声が少し大きくなるとすぐに戻ってきて，茜ちゃんのお腹をさすったり抱っこして落ち着くとまた寝かせる。何回かこのやりとりの後，「おっぱいあげてきますね」と母親は台所にぱっと移動する。兄にも，「(おやつの) 続き食べよう」と声をかけて一緒に連れていく (私は居間で待っている)。しばらくすると，兄の『(口を) 噛んだ』と母を求めるような甘えた声が聞こえてくる。少しして居間に戻り，元の綿毛布の上に茜ちゃんは寝かされる。……(中略)……茜ちゃんはすごい腹式呼吸でお腹が上下に動き，呼吸のたびに頬の下や膝が揺れる。<u>胸がなくすべてお腹のようにみえる</u>①。握った手に偶然持っていたバスタオルを口に入れたりもする。目はほとんど閉じている。……クックッとそんなに強い声ではないがまた泣き始める。「今度はほんとにおっぱいかな，行ってきます」と再び台所へ。さっきはあまり飲まなかったようだ。

　　10分くらいすると，また兄『噛んだ』，母「どうしてそんなところを噛むのよ？ 気をつけて食べてね」というやりとりが聞こえてくる。授乳後には居間に戻り，母親は肩のところに茜ちゃんをうつぶせにしてげっぷを出している。ほとんど動かずに抱っこされている茜ちゃんの正面から，兄は抱っこを求めてくる。母

はそれにやわらかな言葉で応じている。台所にまた移動すると，どぼどぼと水の音。兄が立ったまま大量のおしっこをしたようで，母親は足先で兄のパンツを脱がせ，茜ちゃんを抱っこしたまま隣の部屋から布おむつを数枚持ってきて床を拭く。濡れた床を拭いている間も茜ちゃんは母親にしなだれかかっている。母親は「寝たかな」と声をかけて布団に茜ちゃんを寝かせる。

　今度は居間に茜ちゃんと私が残された。茜ちゃんは目をときどき開け，左を向いていたのが体全体を動かしているのに伴ってだんだんと右を向いていく。口を噛むように動かしたり，フンとかウーンとか声を出す。台所の騒々しさ（夕食をどうするかという話が聞こえてくる）の一方で，激しいけれども静かに茜ちゃんは体を動かし続ける。赤ちゃんと二人で居間にいる。<u>私の存在は斜め前の少し遠いところなので，茜ちゃんは感知していないかもしれない</u>[②]。外とは違う別世界を圧倒的に感じる。また足をつっぱって，いよいよ泣き始めると母親がやってくる。母親は泣きかけの茜ちゃんの胸をさすり，脚や頭をさすり，頬をつつき，顔を近づけるが，茜ちゃんはほとんど目を閉じていて，どれにもあまり反応しているようには見えなかった。

　時間になり，お礼を述べて観察を終える。駅への道すがら，外の日常と時間の流れの違いを感じ，それから数日の間も観察の感覚はリアルに残っていた。

　夕食の買い物に出かける前の昼下がりの時間帯の訪問でした。母親は，不安定になっている兄の世話もあって大変なのですが，イライラしないで落ち着いて対応しており，観察者は母親への信頼を感じました。では，初回のこの観察で起きたことについて考えてみたいと思います（約2週間後に行われた乳児観察セミナーでのディスカッションも参考にしました）。

1．新しい世界に入り位置づいていく

　茜ちゃんは，手足を活発に動かし，縮めたりつっぱったりして，それはまるで世界がどんなふうになっているかを確かめているかのようでした。少し緊張しながら，自分の生きている世界のありようを，手足を使って探索しているような印象です。また，「<u>胸がなくすべてお腹のようにみえる</u>[①]」というきわめて主観的な記録には，腹式での呼吸の荒さがとらえられてい

ます。この荒い腹式呼吸には興奮という性質のものが含まれているようでした。母親が戻ってくると茜ちゃんは落ち着くのですが，この瞬間ごとの変化や興奮をどのように捉えたらよいのでしょうか。

　一つは，新しい世界に対する好奇心や，家族の中に位置づいていくことへの期待とでも言うべきもの。すでにできあがっている家族関係の中に入っていくという，誕生に伴うテーマに取り組んでいる茜ちゃんの存在感や生命力の反映ではないかと感じられました。

　一方で「ほとんど目を閉じている」という，目に入れる準備がまだできていない現実への不安もあるようです。妹が生まれて落ち着かない状況にある兄，不在がちの父，年老いた曾祖母，そして母親。古い歴史をもつ「家」という，リアルな現実をやがて少しずつ視野にとらえていくのでしょう。このように明確には把握しがたい家の雰囲気は，言葉以前のものであり，落ち着かなさと興奮はいずれも観察者のこころのありようとも重なります。しかし私はまだ，自分の感じていることをほとんど言葉にできず，漠然とした好奇心と不安の中にいました。加えてこの家庭と母親には，観察をスムーズに受け入れてありのままを見せる「透過性」と，授乳時にはぱっと区切って別室に行く，それはもう決めたものとして告げられるような「不透過性」の両側面がありました。

２．周囲に影響を及ぼす赤ちゃん

　赤ちゃんの存在は周りを動かします。当たり前のことではありますが，あらためての発見と驚きがありました。この初回の観察では，茜ちゃんに喚起されて同調するようなことが多発的に起こっています。

　口の中を噛んだと何度も母親を呼ぶ兄は，茜ちゃんに授乳する母親の傍にいて，哺乳時のように口を動かして噛んだのかもしれません。あるいは，(母親の愛情の取り合いで) ライバルにもなるきょうだいとの共生という「人生の事実[注1]」に直面した心理的な痛みを伝えてきているのでしょうか。そして，妹の観察に来ている私が家庭に入ってきたことの影響もうかがえます。世話好きでやさしい兄ですが，観察の時間中はずっとテンションが高い様子でした。母親は，兄の世話や家事をしながらも敏感に茜ちゃんの

声に反応しています。私は，（言語化できていませんが）茜ちゃんの動きに同調して自分自身の足がつっぱるような感覚をもち，外とは別世界の濃密な空間の雰囲気に引き込まれていました。
　いることそのものが他者に与える影響。これは関係の深まりを通してさらに強い感情を経験すると忘れがちですが，ある人がいることが周囲に影響を及ぼすという自明なことに，あらためて気づかされました。

3．赤ちゃんのこころに出会う

　私には，赤ちゃんの視界に入るのがためらわれる感じや戸惑いが強くあり，それは「感知[2]」という固い言葉による記録にも表れています。こうしたためらいや戸惑いの源泉は何だったのでしょうか。
　それは，先にも述べたように赤ちゃんと同じく新参者としてこの家族の中に入っていくことについての躊躇だったのかもしれません。あるいは，大人の私の中にある「赤ちゃんのこころ」に私が出会うことの不安なのかもしれません。赤ちゃんの**原初的不安**（第 10 章Ⅲを参照）に気づいていくことの怖れです[注2)]。
　赤ちゃんと一緒にいるというのは言葉にならない強烈な体験であり，そこは家の外とは別世界のようでした。そして，赤ちゃん観察をしている期

注1) 良いものを他者と分かち合うこと，それは，ただちには受けいれがたい現実の一つであり，子どもは成長していく中でそれぞれに取り組み,折り合いをつけていきます。精神分析家のモネー・カイル（Money-Kyrle）は，受けいれることが困難に思えるけれども，それを認めて受けいれなければ真に学ぶ（成長していく）ことができない「人生の事実」をいくつか指摘します。良いものは自分ではない他者（親）がもっており，自分一人では生きていけないこと，両親の間にある創造的なつながりを認めること。すべての良いものには終わりがあり時間は戻らないこと。これらを受けいれるにはプロセスが必要であり，**乳児的な万能感**を適切なものに置き換えていくには**心理的な痛み**が伴います。シュタイナー（Steiner, 1993/1997）による解説が参考になります。

注2) 赤ん坊は大人の**防衛**を解除させ，親に，無力感，ひもじさ，欲求不満，腹立たしさ……などを否応なしに再体験させるが，これは大人にも存在している感情であることを，**ラファエル・レフ**（**Raphael-Leff**, 2008/2011）は「かいじゅうたち」として語っています。赤ちゃんの引き込む力についてのこの論文の終盤で，母親として（赤ちゃんを）世話をすることが，自分の母親との同一化と競合を必ずしも伴わないとして，この再体験を恐れすぎなくてもよいというバランスについて彼女が記述をしているのは印象深いところです。

間は，自分の傍に赤ちゃんがいるかのように感じながらずっと日常を過ごしていました。自分の中にある赤ちゃんのこころが活性化され続けていた，私の人生の中でも際立って不思議でエキサイティングな期間だったと振り返ります。この「赤ちゃんのこころ」が何を指すかは，もう少し先で考えてみることにします。

　赤ちゃんからもたらされたものへの観察者の反応について，この1週間後（2回目）の訪問でもう少しみてみましょう。

　　　茜ちゃんは2度ほど，それほど強くはないが咳をして，こちらを向く。私は斜め上方で茜ちゃんの視野に入ったような，そうでもないような。黒い目がしっかり開くが，私の方を向いて泣くようになったりぐずりの声が大きくなるわけではない。視線でとらえられた気はしないが，私の存在を初めて認識されたとも感じた。少しして，その影響もあったのか泣き声がわずかに大きくなり，母親がやってきて「おしっこかな」と言って，おむつを替える。……助産院での立会い出産の（夫のみならず兄や両親も立ち会った）ときの様子を母親は話し始める。話しながら，茜ちゃんが寝ついた様子になったので座布団に降ろそうとする。おっぱいに顔をつけており，動かして乳首のところにかすると茜ちゃんは口元をもぐもぐと乳首の方に向けてしばらく動かしている。座布団に寝かされ，お腹をずっとさすってもらっている。完全には落ち着かないようだったが，少したつと眠る。……すっかり気持ちよく寝ているという様子だったのは数分だけで，また薄目になって手を動かしたり，クッというような声をだしてみたり，目を閉じたり薄目になったり。でも静かな手足の動きを続けている。

4．自分に起きてきた感覚を手がかりに考える

　周囲の世界に対する茜ちゃんの関心は，この1週間のあいだにもだいぶはっきりしてきた印象がありました。観察者はといえば，茜ちゃんの視野の中に入って「認識される」ことを今回も過剰に意識しています。茜ちゃんの世界に第三者が入りこむことについての，私の個人的な不安もあったでしょう。それにとどまらず，観察者のためらいは，目を開けてぱっと現実を見ることについての茜ちゃんの心持ちと重なるかもしれないというこ

とがセミナーでは話題になりました。家庭のいろんなものを自分の視野に収めるか収めないかと，外側から茜ちゃんに「現実」が突きつけられているような。そうした茜ちゃんの戸惑いや不安を，観察者が自分のものとして感じているという側面もあるでしょう。

　観察者の感覚を手がかりに茜ちゃんの気持ちのありようを考えていく——赤ちゃん観察でこうした視点をもつ，これが最初のできごとでした。以降の観察においても，自分の中に起きてきた情緒反応を使って考えることの大切さを繰り返し実感しました。

　場に慣れていくと，ゆとりができて，私の思考も自由になるのがわかります。居間の壁に飾られている写真や賞状が目に入るようになり，そこには代々続いた家の歴史がありました。一方で，夫はデザイナーというファッショナブルな仕事をしており，だいぶ違うものが融合した家庭のようです。なぜ母親は身内の立会い出産を望んだのか。あるいは，前回見せた兄の強い不安の理由についても，少しずつ謎が解けていきました。前者には，都会的な異文化の夫を母系家族に迎え入れ，4世代をつなぐという意味があったようです。

　さて，子育てや保育は，生き生きとした交流にとどまらず，赤ちゃんと（大人である）親や保育士とが融合する喜びや快に満ちています。こうした境界がなくなるかのような融合の快とともに，育児には，親子がそれぞれに固有のこころをもった分離した存在であると気づくことの寂しさや心理的な痛みも布置されています。子どもの成長は，親にとって，役割や一体感を手放すことも意味します。親子それぞれのペースで突出する感情が，時に混乱した交流を引き起こすことを十分に知っておくことは，保育者や対人援助職に求められるものだと思われます。

　次に，**分離**がテーマとなる**離乳期**の場面を引用しながら，このことを考えていきましょう。

III　良いものの内在化と分離のきざし

茜ちゃんが3カ月1週目の観察です。

　　母親と正面に向かい合って茜ちゃんは両手をそれぞれ近づけるように空中で何回か動かし，何かを言おうとするように口を動かしている。「うん，うん，そうそう」と母親は応じる。母親は茜ちゃんの胸の横をなでたり，こちょこちょをする。茜ちゃんはニッと笑い，ウオ，グーと言うが，何への反応なのか母親はつかみかねている。母親は少し遠くから見ている。おっぱいを十分に飲んだとのことだったが，茜ちゃんは手を口に当てて「く」の字にしながら口を動かし，それから人差し指と中指を一緒に口に入れてずっと吸っている。私もその感覚に入り込んでいく。茜ちゃんが外の世界をながめながら指を吸っていることに気づく。部屋には先週はなかったもの（色セロファン）があり，なくなっているもの（小さなこいのぼり）もある。茜ちゃんはすぐに体を左横にして，観察者の顔を見る。凝視といった感じで私を見つめた後，ニコッとする。……手をつっぱり，頭を上げて，脚を蹴ろうと激しく動き回る。しばらくは反動で左右に動き，戻って仰向けになる。また寝返りをしてうつぶせになって畳に落ちると，畳の継ぎ目に目をやり，爪でひっかいている。母親は，「何か見つけたね，なんだろうね」と茜ちゃんに顔を近づけて声をかけている。しばらく茜ちゃんは，何だろうというように畳をひっかいている。

1．静かな快

　授乳後も，まるでおっぱいを吸っている続きのようでした。母親の見守りのもと，満足を感じながら，静かに，まるで空想しているかのようでした。何を思っているのでしょうか？　おっぱいを幻覚的につくりだそうとする，内向きの自己充足の動き[注3]と言うことができるでしょう。あるいは，こころの中に良いものを定着させようとしているとも考えられます。

　この観察からは，**パイン**（Pine, 1985/1993）の「**静かな快**」という言葉が思い起こされます。それは，養育者による「刺激を与えることと刺激

から守ること，それらを按配する仕方・ペース・信頼性」という，赤ちゃんへの刺激の入力を適切なものにしようとする配慮のもとで，「静かに遊んだり，**対象**との接触や身体的体験を静かな形でもったりするとき」に成立している快の体験です。「強さの点ではむしろ控えめな，言わば「背景」としての体験」として位置づけられるものであり，後の心地よい**自己感**や対象とのふれあい，臨機の才や苦痛を克服する能力などの，人が健康に機能するための土台になるとされます。こうした，日常の中に用意されている，しかし現代においては強い刺激によって容易に損なわれてしまいがちな，**安全感**や肯定的感情の基盤となる体験の場をまさに観察していました。

ここでは母親が，茜ちゃんに「何かみつけたね」と呼びかけたように，生き生きとした関心をもちながら見守っている母親がいること，応答的な環境があることが着目されます。赤ちゃんの行為がただの反射ではなく，静かであっても外の世界とのアクティブな関わりであり，そこには意図や意味があることが母親によって把握されます。そして，共有される言葉かけ——言葉そのものは伝わらなくとも——がなされ，身体感覚をベースにした遊びが広がっていきました。

セミナーでは，指を吸い，自分の身体を使って充足感を十分に体験した後に，外界に関心を向け，畳の継ぎ目をひっかき始めるという継起について連想が広がりました。ひっかいているのは何かを感覚的に確認しているようであり，そこには自分ではない，分離しているものをたっぷりと感じる余裕がみられます。茜ちゃんは手の感触を味わいながら，それを見ること（**共感覚**）によって，好奇心と言ってもよさそうな外向きの動きを展開していきます。観察者も，赤ちゃんの感覚に自分を重ねて思考が沈潜していくような内向きの関心——授乳体験を想起しているような指吸いに惹きつけられ，母親との合わない感じが気になる——から，外向きの関心（部

注3）実際の母親との間で，**二者関係の交流**を通して充足が得られないとき，赤ちゃんなりに自分の中で幻覚的に（病気という意味合いはありません）おっぱいをつくりだし，それと関わることで満足をする。これは，外の世界と関わるというよりは，想像力を駆使した，内向きのこころの使い方と言えるでしょう。

屋の飾りの変化に気づく）へと開かれていきます。

　さて，これは養育者との分離のきざしであり，**離乳**に向けた準備が0歳台にもゆっくりと進んでいきます。次はこの6週後（4カ月4週目）の観察であり，重湯がこの前の週から始まったところでした。

　　母親がやってきて「起きたの？」と言い，茜ちゃんの目が開いているのを確認し，抱っこをしておむつに指をつっこむ。そのまま仰向けに寝かせる。ウンチではないので，おしっこは急いで替える必要ないという様子。茜ちゃんはすぐに寝返りをうって布団から落ちて畳に腹ばいになる。両手と両足先に力を入れて，足の親指をうまく曲げているので，低めの姿勢だが高這いしそうな勢いである。「もうハイハイしそうなんですよ，早いですね」と母親。胸から上を上げて，首を動かして母親の方を見たり，観察者の方を見たりする。にこにこしている。母親の股のところに足を曲げて置いて，足を伸ばしたら偶然前進できたりもする。静かで，穏やかである。母親は，プラスチック製の「ボール」（網状で，茜ちゃんの顔の3分の2くらいの大きさ）と「ガラガラ」を近くに持ってきて置き，それからボールを茜ちゃんの手に持たせる。茜ちゃんはそれを力いっぱい顔にくっつけ，両手で引っ張る。どちらかの指が離れると，その反対側の手が床に打ちつけられる。これを何度も繰り返す。固い素材なので，押しつけているときは顔も痛いだろうし，指が離れた反動で勢いよく床にぶつかる手も痛いと観察者は感じる。強く何かを招き入れようとしているかのように口を動かしている。ボールの網の間から舌が出たり，口で形を確かめて食べようともする。この遊びはいったいなんだろう，と観察者は痛みを感じながら思っている。

　　母親は抱っこをしてタカイタカイをするが，あまり茜ちゃんの反応がなく，すぐにやめる。その後，「グーン，シュッ」という声に合わせて頬と頬をくっつける遊びを始める。頬がくっつくと茜ちゃんは声をあげて喜んで，何度もしてもらいたいようにせがむ。ただ，口元に「ボール」を両手で抱えたままであり，それが母親の顔と茜ちゃんの顔のあいだの妨げとなっている。茜ちゃんの反応が小さくなると，今度は母親は「ぎったん……ばっこん」とシーソーの遊びをする。これも茜ちゃんにはとても楽しいようで，大きな声が漏れ出てくる。じっと正面を見合って遊んでいるが，「ボール」は間に介在されたままとなっている。

2．アクティブにこころに取り入れる

　離乳が始まりつつある時期と重なるためでしょうか，観察家庭にはどこか落ち着かない雰囲気がありました。このボール「遊び」で，茜ちゃんは何を体験しているのでしょうか。

　母親が用意したのはボールとガラガラですが，ボールには，振って音を楽しむだけではないものがあります。自分の力によって変形でき，転がり，戻ってくるという，いろんな反応をします。ボールは遊びの領域を広げ，ダイナミックな身体運動へと誘う玩具です。しかし，ここでの用いられ方は抑制的で限定されたものでした。ボールとはいえ硬い素材であり，そしてちょうど乳房の大きさでした。

　茜ちゃんのボールとの関わり方の一つの要素には，戯（たわむ）れる，あるいは弄（もてあそ）ぶというものがありました。両手で引っ張り，口で形を確かめて食べようとしたり，網の間から舌を出し，茜ちゃん自身の中に招き入れるかのようにしています。授乳する乳房を象徴するボールとたっぷり取り組み，もて遊び，良いものを味わい直し，自分のものにしようとしているとも感じられました。先に述べた，背景としての肯定的な雰囲気のもとでの穏やかな信頼や快の確認とは異なる，相手（この場合はボールですが）と関わりながらのもっとアクティブなこころの動きです。それは，良いものを「内在化」している，つまりこころの中に取り込んで配置するという意味をもつものと考えられます。

3．分離をめぐって母子が体験する痛み

　この遊びにはもう一つの要素があり，それは観察者が強く惹きつけられた「痛み」に関連します。ボールを顔に押しつけたときの苦しさや，指や手の痛さには，遊びとは言えない苦痛や不快なものの表現がありました。噛む，引きちぎる，破壊するという**攻撃性**もみられます。こうした「赤ちゃんの攻撃性」を考えていくことは，私たちにある種の抵抗感を引き起こすかもしれませんが，とても日常的なできごとでもあります。「生きている赤ちゃんなら誰もがもっている攻撃性」について，**ウィニコット**（Winnicott,

1987/1993）がおもしろいことを言っています。人間の赤ちゃんには，「避けることのできない非常に難しい段階」がある。「お母さんは，自分が時には赤ちゃんによって破壊されることになるこの段階を通して，赤ちゃんを容易に理解することができるのです。もしお母さんがそのことをわかっていて，しかも仕返しや復讐することなく自分自身を守ることができたなら」（前掲書 p.43）

どういうことかというと，何らかの意図のある攻撃性がもともと赤ちゃんにあるというよりは，他者との関わり方の一つとして，噛んだりひっかいたりという行為が生まれ，それが母親に向けられます。攻撃性は時に残酷であり受けとめにくいものですが，この段階に起きてくることの意味をわかっていて，母親が仕返しをせずに受けとめかつ自分（母親自身）を守ることに意義があるというのです。そしてお母さんはこのとき，「ある仕事をしなくてはなりません。それは**生き残る**という仕事です」とウィニコットは続けます。母親がこうした攻撃に生き残っていることを赤ちゃんが発見することによって，赤ちゃんは愛という言葉に新しい意味を見出し，ファンタジー（空想）が生まれます。攻撃的なことを空想し，またそれを実際に向けてみて，そうしても変わらずに存在している母親が生き残っていることを見出すのです。

ウィニコットは，赤ちゃんがお母さんにこう言っているかのようだと述べます。「お母さん，あなたが私の破壊から生き残ってくれたので，私はあなたを愛します。夢と空想の中であなたのことを考えるときはいつもあなたを破壊していますが，それはあなたを愛しているからなのです」と。「こういうふうに赤ちゃんはお母さんを対象化し，お母さんを赤ちゃんの一部でない世界に置き，そして使用しうるものにするのです」（前掲書 p.43）

攻撃や強い愛情などの衝動を，実際の行為や空想の中で向けつつも，それに対して復讐をしない，そして攻撃を向けた母親が壊れてしまわずに存在している（「母親自身が自分自身を守ること」ができている）ことを発見するとき，赤ちゃんは自分の外部に確かな愛を見出します。そして，必要なときに頼ったりいろんな感情を向けたり利用することのできる，ほどよい距離をもった関係性が形成されていきます。

さて，この場面での強い**両価感情**(アンビバレント)に戻りましょう。離乳食が順調に始められ（あるいは今後の離乳が進む予感から），良いものを与えてくれる乳房から離される不安をもちながらも，「乳房」を簡単には放さない。ただ放さない，抱えておくだけではなく，茜ちゃんは弄びつつ破壊しようとする空想もしているかのようです。さて，外に向けた攻撃性という視点でここまで考えてきましたが，実際には痛いのは茜ちゃん自身です。すると，茜ちゃん自身が自分のこころを痛めている，そこに苦しさがあり，いろんな空想があるとみることもできましょう。母親に攻撃を向けたことに対する**罪悪感**のような感情の芽生えがあるのかもしれません。

　これらは，目の前で展開している「遊び」を通して，観察者である私の中に起きてきた痛みの感覚をもとにした想像ですが，茜ちゃんが空想し，いままさに体験していることの反映だと考えられます。乳児の原初的な世界を観察者はダイレクトに受けとり，私の中の赤ちゃんのこころが反応しました。それは，形よく言葉で切り取られたコミュニケーションによって対人関係をすませようとしている，私の中の大人のこころの部分を逆に照らし出すものでもあります。生々しい，切実な空想と感情に巻き込まれ，私たちの中にある「赤ちゃんのこころ」が動かされ，それを手がかりにしながら子どもの理解を深めていくのも，子育てや保育における中核的な営みだと考えられます。

　この遊びが反復される場に立ち会っていると情緒が深まり，さらに考えてみたいことも出てきます。そもそもボールが痛いのでしょうか，茜ちゃんが痛いのでしょうか。主体が混乱しています。ボールは母親との間に入って，直接の接触を妨げるようにも働きます。このボールが好きだと母親から繰り返し茜ちゃんに手渡されるのですが，「なぜまたボールが手渡されるのか」という理不尽やうんざり感も漂います。母親の，離乳にまつわる寂しさや葛藤が込められているかもしれませんが，観察者である私には何もできない，ただ強いものにさらされている感覚がありました。それは離乳を前にした赤ちゃんにある無力感や，一体になれない寂しさに由来するものと考えられ，受け入れていくべきものでもあるのでしょう。茜ちゃんはなぜボールに固執しているのか。破壊的というだけではすまない強さや

創造性もある。観察者にとっては，痛みを感じながら，こうしたわからないことを抱えておくことがとりわけ必要な移行期だったと思います。遊びをすぐに意味づけたり，ボールを取ってしまったりせずに，この場に居つづける（「生き残る」）のは，こころのエネルギーがいることでした。

次は，こうした主体の混乱とともに強い一体感と融合が示された，8カ月4週目の観察場面です。

Ⅳ　父親の機能が求められるとき

　部屋から廊下側に行こうとするのを3回ほど繰り返し，母親に制止されて最終的にふすまを閉められると，怒って泣く。明らかに母親に向けて，やわらかだが唸り声をあげて顔を真っ赤にして泣いて怒っている。母親は「そうか行きたいのか」と言いながら茜ちゃんを抱き上げると，「ガブさん」（兄が工作をしてつくったという紙皿大の口をもつ人形）を手にはめて茜ちゃんの前でガブっとしてみせる。気をそらすというあからさまなやり方であり，茜ちゃんはびっくりしたり笑ったりを交互にするが，基本は怒って泣いている状態が続き，感情が混乱してやりとりされていく。泣き笑いだが，強い刺激で笑うということが繰り返される。母親は茜ちゃんを抱き上げて，正面に見合って顔をくっつけ，ガブガブと口を動かして茜ちゃんの顔を上から鼻の下の方へと動かして食べ，かじるようにする。茜ちゃんはあまり反応できずに，少しのけぞり，わずかに盛り上がったような声を出すが，ふと観察者の顔を見る。すぐに顔を戻してやや興奮した声を出し，正面で見つめ合いながら母親からされるがままにかじられ，食べられそうになっている。少しはしゃいで，茜ちゃんも母親の顔の近くで口をパクパクさせる。けっこう激しいやりとりである。

　ひとしきりすると，ボールやマラカス（卵型）を母親は茜ちゃんに渡して下に降ろす。それがたまたま転がったのを追いかけて，茜ちゃんは手をバタバタ畳に置きながらのハイハイをする。ハイハイは，手を高く上げてするのでバタバタと動く感じになる。ボールがうまくつかめずに追いかけっこのようになったり，「しとめた」というようにつかんでバタバタする様子を見て,母親は（茜が）「野

獣みたい」と言ってほほ笑む。追いかけて這い回るが，ときに何を追っているかを忘れて，いま目の前にあるものに関心が移って列車など他のものと遊び始めたりもする。

　……（中略）……母親は兄とともにテレビの正面に移動し，Eテレを観ている。茜ちゃんはテレビの横に動いて，図鑑やら何かのパンフレットを開き，表情乏しくひたすらそれを舐めて過ごしている。急に「まんま」「まんま」と思い出したように言い，母親の胸のところに突っ込むように顔をうずめる。体ごとゆだねてしまうと，母親もすぐに「おっぱいしてきますね」と言って台所へ移動した。

見守り手がいることの意味

　この前後の数週間は，「がぶがぶ」という食べ合いが相互に繰り返されていました。それは母子の一体化と融合を見せつけられるような，「肉弾戦」とでも言うべき生々しいものでした。このやりとりに強力に惹きつけられつつも，見てはいけないような恥ずかしさも同時に感じたのですが，観察者の目の前でこうした遊びが展開したことを，どう考えたらよいのでしょうか。

　茜ちゃんの身体の安全のために必要な制止に対して，怒りをぶつけられたことに母親が困っていた場面です。このとき，母親からの茜ちゃんへの融合の誘いかけは，もっと月齢の低い赤ちゃんへの関わり方であり，すでに自分で移動できる力をつけてきている茜ちゃんにはギャップがあるものでした。母親の何らかの動機によって以前の一体化に戻ろうとしている。母親が感じている分離の寂しさや罪悪感を，気分を高揚させること（「躁的防衛」）で，まぎらせていたのかもしれません。

　茜ちゃんから見ると，半分は母親の誘いに乗ってはしゃぎましたが，半分は「びっくりして笑う」「されるがままにかじられ」「あまり反応できない」というように戸惑っています。その戸惑いは，茜ちゃんからの観察者への一瞥にも現れています。これは，先に述べたように，活発なハイハイ（「野獣みたいな」）で外の世界に広がっていこうとする年齢相応の欲求を示す茜ちゃんに対して，母親が，この実年齢よりも幼い赤ちゃんにするように接したことが引き起こした困惑と考えられます。そして茜ちゃんが，

遊びの間も，**見守り手**となっている第三者の存在をどこかで感じとっていたことは印象的でした。

　この遊びが展開しているときの第三者（観察者）の存在の意味を考えてみましょう。母親は，観察者がいることで茜ちゃんとの関わり方を自由に試すことができたのかもしれません。茜ちゃんが向けてきた怒りとの向き合い方について――つまり，復讐しないで生き残るという課題に対して――母親なりの対応が求められる場面でした。ここで母親が担う，赤ちゃんを**見守る環境**としての機能を観察者に託すことで，茜ちゃんの知らない母親のもう一つの側面が自由に表現され，両者は真に遊ぶことができたと考えられます。ボールよりははるかに相互が交流しており，加えて茜ちゃんは母親に対して顔を真っ赤にして泣けるようにもなっています。すぐには受けとめがたい怒りや，まだはっきりしない強い情緒を第三者が受け取ることによって，赤ちゃんと母親の間にはゆとりが生まれ，空想を向けて（**投影して**）取り入れるという循環が成立しえたのです。見守り手としての第三者の存在が，硬直しがちな関係を調節する自律的なやりとりを二者の間に生みだすという，第三者の**父性的な機能**の意義を感じる場面でした。

V　おわりに

　これまで，観察の経過を辿りながら，気づいたことを振り返ってきました。最後に，観察全体を支えたセミナーについてと，観察家庭および観察者それぞれにとっての赤ちゃん観察の意味について述べてみたいと思います。

1．乳児観察セミナーという器の大切さ

　毎週1時間の観察を，**セミナー・リーダー**とともにグループで振り返るのが乳児観察セミナーですが，自分の観察体験をゆとりをもって感じ直し考える場となっていました。それは観察を通して喚起されてきた「赤ちゃんのこころ」の置き場でもあり，長い期間をかけて抱えられるということが大事だったと実感しています。

　赤ちゃん観察には，私が日常的に携わっている心理療法の過程に含まれ

る，**観察と関与**を通して形成された仮説をクライエントに言語的に伝え，それへの反応をさらに観察することで仮説を検証し修正するということがありません。セミナーでのディスカッションが，仮説を吟味して理解を深めていく役割を担っていると考えられます。言葉でいちいち介入しないというのは日常的な子育ての営みに近いものですが，観察し，そこでの感覚や反応をもとに仮説を立てて，また観察に戻っていくという循環を支える器が赤ちゃん観察には組み込まれています。

2．子どもの回復力(レジリエンス)への信頼を培う

　直接のやりとりは最小限にして観察に徹するという枠組みにもかかわらず，観察家庭（主には乳児－母親）と観察者との間には，さまざまな相互作用が生まれます。その中でも私が特に印象深く感じたのは，観察者が訪問しているまさにそのときに，その場を使って，赤ちゃんがこの一週間に経験した傷ついた体験をまるでプレイセラピーのように母親との間で再演するということでした。その結果，外傷の中味は母親に伝えられ，受けとられ，赤ちゃんと母親との関係はまたあらたに変化していきました。こうした場面は，子どもの行動の自由が広がる観察2年目（1〜2歳）に数多くみられたものであり，本章には十分に織り込めませんでした。

　こうした報告をセミナーで聞くたびに驚き，こころが動かされ，健康な子どもがもつ回復力を実感しました。関心をもって継続的に見ている人がいるということが，観察家庭を心理的に支えることになる。そして，赤ちゃん観察の積極的応用としての，たとえば，子育て機能の脆弱な家庭への「観察」を通した支援の試みも始まっています[注4]。

　実際に，観察時期の後半になると，母親が「（先取りをしないで）待てるようになってきた」という報告をセミナーではよく聞きました。私にとって赤ちゃん観察は子どもがもつ回復力への信頼を醸成する大切な経験でしたし，観察家庭にとっても余裕が生まれるきっかけになっていたようです。

3．観察者にもたらされるもの

　最後に，赤ちゃんのこころとの出会いという視点から，赤ちゃん観察の経験が養育者に，あるいは保育者や対人援助職にもたらすものを整理しておきたいと思います。

①大人の中にも赤ちゃんのこころの部分があるのを再発見することは，**いまここでの経験**を子どもの側から考えるというときに役立ちます。赤ちゃんのこころは，好奇心や万能感，充実感，世界への真新しい関心に溢れていますが，無力さや痛み，あるいは怒りに満たされるときもあります。それを大人の，なじみのある言語に置き換えてしまうのではなく，生(なま)のままで感じて理解しようとする。子育てや保育は，私たちのこころの赤ちゃんの部分が使われることで，子どもたちに共鳴でき，理解へとつながっていくと考えられます。

　一方で私たちは，現実には大人としての生活をしています。私たちの中にある赤ちゃんのこころとの疎通性を良くし，二つのモードを同時に保ちながら過ごすことはなかなか困難です。これは簡単には達成しがたいこころの状態ですが，母親や保育者にとってはむしろなじみのある日常かもしれません。

　加えて，子どもの中に，発達的にレベルが異なる不安や空想が断層のように同居しており，場や関係性によって生活年齢相応の表現がされるときもあれば，そうでないときもあるということに気づきます。こころの状態に対する複眼的な見方を，（体験的に知っている，ということに加えて）意識的にも育てていくことは，養育者，保育者とも

注4）たとえば，乳児観察の「治療的」応用について邦訳されている文献として，Urwin, C., Sternberg, J. 編著，**鵜飼奈津子**（監訳）(2012/2015)『乳児観察と調査・研究——日常場面のこころのプロセス』(創元社)に収められている論文：「第10章　早期介入としての乳児観察」，「第11章　傷つき，情緒的に凍りついた母親が，赤ん坊を観察し，違ったやり方で接し，赤ん坊に生命の光が宿るのを見守れるようになるための援助」，「第12章　赤ん坊の喪失の後に新たに生まれてきた赤ん坊の体験」があります。

に意味のあることでしょう。

②こころが情緒に圧倒されて麻痺したり（巻き込まれる），距離を置いて考えるという機能を回復させたりする（自分でいる），こころの動き方を渦中で知っていくことにより，その瞬間ごとの子どもとの関わりの質をとらえる軸が形成されます。見がたいものを見る（見なかったことにしない），あるいはわからないままにこころに保っておくということが，いかに難しいか。自分のこころの揺れ方を見つめる機会をもつことは，特に保育者や心理臨床の実践者にとって役に立つものとなるでしょう。

観察と関与を同時に成り立たせることはとても難しく，関わった後に情緒がおさまって冷静になって，起きていたことにハッと気づくということはよくあると思います。**関与しながらの観察**という両立しがたいこころの働きを知り，自分なりの工夫を考えていく機会となります。

③これに関連しますが，毎週の観察家庭への訪問とセミナーの繰り返しは，観察者の中に起きてくる感情や反応を観察し，それをもとに相手のこころのありようを理解するという体験を積むことにほかなりません。これは「観察」という言葉がもつ，外側から，自分の枠組みは揺らがさずに客観的に判断や評価をするイメージとは対極のものです。こころの観察機能を保ち続ける——硬くシャットアウトしてしまったり，知的に遠ざけたり麻痺させてしまわない——には，まず自分のこころの状態に気づく視点を，スキルとして培うことが有効です。

④父親的な機能がいかに成立し，赤ちゃんや親によって利用されうるかという，第三者が存在していることの意義を体験的に知るということがあります。これは継続的な見守り手となり，環境としての役割を引き受ける存在のことです。本章では，閉じた二者の関係性が，第三者がいるという場を利用して自由な交流へと変化していく場面をみてきました。

以上のような観察が成立するためには，手を出さないでその場に居続けることを可能にする観察の枠組みづくり――家庭による了解と，観察者のありようを一定に保つ態度とそれを支える器――が不可欠だということを最後に強調しておきたいと思います。セミナーでの自由なディスカッション，そして茜ちゃんとその家族との交流の実感は，いまも私の中で「こころの軸」となる生き生きとした体験として影響を与え続けていると感じます。

文　献

木部則雄（2006）こどもの精神分析――クライン派・対象関係論からのアプローチ．岩崎学術出版社．

Pine, F.（1985）Development Theory and Clinical Process. Yale University Press.（斎藤久美子・水田一郎監訳（1993）臨床過程と発達①――精神分析的考え方・かかわり方の実際．岩崎学術出版社）

Raphael-Leff, J.（2008）Parent Infant Psychodynamics: Wild Things, Mirrors and Ghosts. Whurr.（木部則雄監訳（2011）第5章　かいじゅうたちのいるところ．母子臨床の精神力動――精神分析・発達心理学から子育て支援へ．pp.63-82．岩崎学術出版社）

Steiner, J.（1993）Psychic Retreats: Pathological Organizations in Psychotic, Neurotic and Borderline Patients. Routledge.（衣笠隆幸監訳（1997）心的退避における現実との関係．こころの退避――精神病・神経症・境界例患者の病理的組織化．岩崎学術出版社）

Winnicott, D.（1987）Babies and Their Mothers. Free Association Books.（成田善弘・根本真弓訳（1993）赤ん坊と母親．岩崎学術出版社）

第4章

赤ちゃん観察と子育て支援
碧くんとお母さんの観察事例から

Ⅰ　本章で考えたいこと

　子育て支援者は，母子と共に過ごし，二人を見守ります。見守られる体験が母子にとって安心できるものなら，子育て支援の場は母子を支える居場所となるでしょう。母子を見守る支援者の存在を母親はどのように体験するのでしょうか。支援者はどのような心持ちで母子を見守り，関わるとよいのでしょうか。

　この章では，筆者の赤ちゃん観察事例[注1]を示して，子育て支援に関する二つのことを考えたいと思います。まず，第三者である観察者に〈見られる〉ことが母子にとってどのような体験であったのかを考えます。子育てをする姿を〈見られる〉ことを母親はどのように体験し，自分を見る観察者の存在をどのように感じるのでしょう。また，赤ちゃんの心の育ちにとって，第三者に〈見られる〉ことはどのような意味があるのでしょう。そして，母親と赤ちゃんにとっての〈見られる〉体験の意味を踏まえて，支援者がどのように子育てを見ることが母親の支えとなりうるのかを考えます。

Ⅱ　誰かに〈見られる〉ことは〈共に居る〉こと

　私の赤ちゃん観察は，お母さんが「誰かに家に来てもらえるのがいいと思ったから」始まりました。誰かに〈見られる〉ことは，誰かと〈共に居る〉実感とつながるようです。このことを出会いのエピソードから考えます。

　　　私が碧くんとお母さんに出会ったのは生後2週目でした。私を迎えに出たお

注1）名前は仮名です。個人を特定できないよう，場面が読者に伝わるよう，本質に影響しない範囲で観察記録の表現を修正しました。考察は，セミナーグループのディスカッション，心理臨床学会自主シンポジウムのディスカッションに基づいています。赤ちゃん観察を引き受けてくださった碧くんとご両親に，私の観察体験を共に感じ考えてくださったセミナーグループの皆様に，シンポジウムでコメントを下さった皆様に心より感謝申し上げます。

母さんは約束を忘れていて，眠る碧くんを一人で家に残していました。少し散らかった部屋の中で，時折涙を浮かべ，出産から今日までのことを話しました。家にいるのがつらくて泣いて過ごした……前夜から祖母が不在で心細く，自分が心細くなるから碧がぐずってしまった……昨日乳幼児健診で話してすっきりしたから，碧は眠れている……夫の方が寝かしつけるのがうまい……碧が夜動くと急に息がとまったようで不安になる……。私は，彼女の不安と心細さを感じました。私たちが話している間，碧くんは穏やかに眠り続けていました。翌週，父親に挨拶するため再訪すると，夫と実母と共に居るお母さんは，別人のようにテキパキしていて，碧くんはお母さんに抱かれて穏やかに眠っていました。

出会いの日，お母さんの不安は強く，いわゆるマタニティブルーズだったかもしれません。家に一人置かれた碧くんと同じく，お母さんも祖母と夫に置いてきぼりにされ心細かったのでしょう。観察者はその心細さを共有していて，彼女が語ったように，他者が不安を抱えている間，碧くんは穏やかでした。翌週の様子からも，誰かと「共に居る」ことがお母さんの心を支えることがわかります。赤ちゃん観察は，お母さんにとって，単に〈見られる〉だけでなく，第三者が〈共に居る〉ことでもあります。お母さんは，観察者と〈共に居る〉ことを期待していたのかもしれません。

Ⅲ　赤ちゃんに〈見られる〉ことと母親としての自信

観察初期，「碧が観察者を見ている」ことがテーマとなりました。

　　初めての観察となった生後4週目，お母さんはソファーのクッションに碧くんをもたれかけるように寝かせ，「今日はご機嫌だね」と言いました。碧くんは，右手の椅子に座る私に顔を向けました。キラキラ光る黒目が私を見ていることに驚きながら，しばらく見つめ合いました。手足を動かし，気持ちよさそうでした。私たちが話している間，碧くんは私に視線を向け続け，私もそれを感じていました。「先生のこと見てるね……ガン見しているね」とお母さんは言いました。私は居心地が悪く，「見えているのかな……ずっと見られると恥ずかしい」

と応じました。碧くんが「あー」と声を出すと，お母さんは「なあに，どうしたの？」と隣に座り，チェックするように身体に触れておむつを見ました。声音に情緒が含まれないことに違和感を覚え，私は思わず「呼んだのかな？」と言っていました。お母さんは笑顔になり「え？　ママを呼んだの？」と碧くんに近づくと，彼は足を動かし応じました。「ここは窮屈？　あんまりここ好きじゃないよね……こっちに来て思いきり足動かそうか？」と広いスペースに横たえました。碧くんは伸びをして，「あーあ」とかわいい声を出しました。

　私は，居心地の悪さに耐えきれず，思わず言葉をかけたのかもしれません。「碧くんが求めているのは，私ではなくあなたですよ」と伝えたくなったのです。それは，碧くんの声を聞いたときに感じたことでした。その瞬間，お母さんの表情はパッと輝き，碧くんも全身で母親に応答し，二人の情緒は通い合いました。

　スターン（Stern, 1995/2000）は，出産後に数週から数カ月続く心理的に母親になっていくプロセスにおいて，精神的に健康な女性もこの時期特有の不安や悩みを抱きやすい心の状態になると述べています。たとえば，赤ちゃんの健康や成長を過剰に心配しやすくなること，母親として赤ちゃんと良い関係が作れているかどうか不安になりやすいこと，誰かに子育てを助けてもらうと，その人が自分よりうまく赤ちゃんと関わるうちに母親役割を奪われてしまうのではないかと不安になること，などを挙げています。子育てを始めたこの時期，母親としての自信を持つことは簡単ではなく，些細な出来事に心が揺れることを先のエピソードは示しているようです。お母さんは，碧くんが自分以外の誰かを見ることに気づいたり，自分以外の誰かといる方が機嫌良くなると感じたりすると不安になり，碧くんの声に含まれたお母さんに対する情緒的欲求を感じにくくなっているように思えます。

　しかし，母親が一緒にいないときには，碧くんは私を見ませんでした。たとえば，生後9週目，母親が姿を消すと，碧くんは母親が去った方向を見つめ続けました。丸い電気を見つめ，必死に拳を口に入れようとするけれどうまく動かず，泣き出しそうになりました。母親が姿を見せて声をか

けると，すぐ泣き止みました。再び，母親の姿が見えなくなると泣きそうになりますが，視線はさまよい，私には向きませんでした。

　4週目の観察では，お母さんがいる安心感に支えられて，碧くんは私の眼差しを発見できたのでしょう。母親がいない状況は碧くんを不安にし，彼を見つめる私の眼差しも不安を帯びました。不安の中で碧くんが求めたのは安心をもたらす母親の眼差しであり，不安をはらんだ私のものではありませんでした。けれど，お母さんは自分が居ないときに碧くんが自分を求める様子を知りようがなく，私も伝えませんでした。それを伝えても，碧くんにとって大切なのは自分だという母親としての自信は育まれず，むしろ碧くんから離れたことを批判されたように受け止めうると考えました。お母さんが「碧は先生を見ている」と言うたびに居心地の悪さを感じながら，その言葉に込められた母親としての自信の揺らぎと，碧くんにしっかり応えられる良いお母さんでありたいという切実な想いを感じていました。

　その後，碧くんの成長に伴い，碧くんの見方は変化しました。たとえば，生後5カ月頃，お母さんが部屋を出ると，碧くんはその方向を見つめてから，私を見て，泣き出しそうな顔でタオルをくわえました。お母さんが戻ると，視線はお母さんに向かいました。4～5カ月になる頃，赤ちゃんは母親との情緒的やり取りを記憶して，予測をするようになります。碧くんが，母親がいないときに私を見るようになったのは，母親が戻ってくる姿を予測して心に思い描けるようになったこと，私が安定した気持ちでその場に居られるようになったことが関係していたと思われます。

Ⅳ　観察者から〈見えない〉ことの意味

　毎回，お母さんは私に「好きなところに座ってください」と告げましたが，座る場所は定まっていました。それは，台所にいる母親とソファーにいる碧くんを結ぶ線を長辺とした二等辺三角形の頂点で，二人の中間地点でした。普段はお父さんが座る席で，だいたいお母さんと碧くんの両方に視線が届くのですが，隣部屋を見ることができない場所でした。

生後4週目の観察の続きです。

　お母さんは，碧くんとソファーで過ごした後，急に「そうだ，うつぶせ寝をしよう！」と隣部屋に入りました。私は，お母さんに了承を得て，一緒に入りました。「うつぶせ寝」を説明しながら，壊れものに触れるように碧くんの身体を動かしました。お母さんは「碧に添い寝をしながら，毎日やっていたら，首の向きが変わったし，首を保てるようになった」と嬉しそうでした。身体の向きを変えると，碧くんは「うぅ」と真っ赤になりました。お母さんは「もう嫌だね。ごめん」と仰向けに戻し，手を伸ばした碧くんを抱き上げました。

　お母さんは，碧くんの成長を私に見せようとしていたようでした。一般に，母親としての自信を育むために，母親は心理的にお祖母さんのように体験される人から支持されて，教えられ，認められることを求めます（Stern，前掲）。私は，心理的に母親の成長を支持する祖母的な機能を担っていたかもしれません。お母さんが碧くんの成長として見せる事柄を，私は喜びと驚きを感じながら見ていました。同時に，お母さんは碧くんと二人の世界に入り，私の眼差しから離れようともしました。けれど，私はお母さんの思いに気づかず，二人の世界に侵入するかのように見続けていました。

　生後8週目，お母さんはソファーで碧くんと添い寝をしました。私に背を向けた二人が見えにくくて立ち上がると，お母さんと碧くんは見交わしていました。碧くんの口角が上がると，お母さんは「碧，最近，よく笑うようになったね，さっきもあははって笑ったね」と語りかけます。お母さんは，碧くんの表情と声を活き活きと感じているようでした。お母さんが布製の棒を碧くんの掌にあてて動かすと，碧くんは指を動かし偶然それを握り，腕が上下に動くと鈴の音が鳴りました。お母さんは顔をあげ，私を振り返り嬉しそうに笑いました。私も笑いました。「すごいね，碧，上手！」お母さんの満面の笑みに応じ，碧くんは「あぁ」と声を出しました。「また笑った！」とお母さんは笑い，指で頬に触れました。碧くんは「あぁ〜」とお母さんを見つめ，お母さんも碧くんを見つめて「碧

〜」と声をかけました．ふと，私はお母さんが無理をしていないかと思い，椅子に座りました．碧くんがお母さんに応じて声を出し，お母さんがそれに応じて語りかける時間が続きました．私から二人はよく見えなくなりましたが，濃密で穏やかなつながりを感じていました．

　このエピソードに関するグループでのディスカッションを通して，これまでもお母さんがときどき私に背中を向けるたび，見えにくい感じがしたことを思い出しました．観察中には，「見えにくいとき，お母さんの心に見られたくない気持ちがあるのかもしれない」という考えは浮かびませんでした．私は，「見たい」という欲求に動かされて，無自覚に二人の関係に入り込んでいました．私の侵入する姿勢が子どもの成長を「見せたい」というお母さんの気持ちを引き出しているのではないか，という理解を受けて，「眼差しがお母さんに無理をさせているかもしれない」と考えるようになりました．それ以降，私は与えられた場所から定点観察し，お母さんが背を向けたり，隣部屋に行ったときは，一部見える姿と聴こえる声を手がかりにして，見えないところで起こっていることを想うようになりました．二人を待つのは，時に一人ぼっちの居づらさや寂しさを感じる体験でした．それは，赤ちゃんが一人残されたときの体験や，母子二人の親密な関係に入ることができない第三者，たとえば父親の体験に似たものなのかもしれません．

　このように，母子を〈見る〉ことだけでなく〈見えない〉ことにも大切な意味があります．赤ちゃん観察で母親に支持的で肯定的な眼差しを向けることは，この時期特有の母親の要求に応え，母親機能を育む子育て支援の意味があるのでしょう．私の観察記録は，母子が調和した心地よい内容が多く，母子関係のよい側面に眼差しを多く向けていたことを示していました．一方，子育てにはうまくいかないこともあり，お母さんには不安や苛立ちもありますが，その姿はあまり他人に見られたくないかもしれません．思えば，私たちの出会いは，お母さんが見られたくない部分を見られることから始まったかもしれず，それをカバーするように彼女はよい母子のやり取りを私に無理して見せたのかもしれません．この観察で，私から

二人が〈見えない〉ことは〈見る〉ことと同じくらい必要なことでした。通常，見られたくない部分を安心して見せられるようになるには，信頼関係を育むやり取りが必要でしょう。お母さんは碧くんと一緒に，隣部屋を行き来しながら，私の眼差しとの距離を調整し，同時に心の距離も調整していたかもしれません。この過程で，私はお母さんが〈見られる〉ことに対して抱く複雑な思いを感じることが増え，碧くんはぐずり続ける姿を見せるようになり，お母さんもうまくいかない部分を見せるようになりました。

　　生後15週目，お母さんは父方祖母から「碧は不機嫌な顔をするようになった」と言われて「ムッとしたり，色んな表情をするようになった」と気づきました。「おばあちゃんは心配なんだと思う。孫に嫌われたくないって。不機嫌な感じになっていると，何かして欲しいんだろうな，って思っていろいろするけど……赤ちゃん語だからわからないですよね。こうしてって言えたらいいのにね」と苦笑いしました。それは，祖母の言葉でもあり，母親の言葉でもあるようでした。

V 〈見る〉こと〈見られる〉ことへの複雑な思い

　お母さんは，碧くんの様子を細やかに見て，その気持ちを推測して関わっていました。このように赤ちゃんの行動や様子を観察し，そこに含まれる心の意味を想像するお母さんの傾向（Mind-mindedness）は，赤ちゃんの心を育みます。しかし，お母さんが細やかに赤ちゃんを見れば見るほど，赤ちゃんの中にある否定的感覚も捉えることになります。そのような赤ちゃんの姿は，自分が母親として適切に関われているかどうか，お母さんを不安にさせるものでもありました。

　　生後6週目の観察は，母方祖母が実家に帰る日でした。眠る碧くんの横で「お母さん（祖母）がいなくなったら，やれるのかなぁ」とお母さんが呟くと，碧くんはふいに声を出し手足を動かします。「ミルクかな？」と覗き込むと，碧くんは目を閉じました。お母さんは「母乳で育てたいけど，母乳の出があまり

よくなくて。満たされないんだろう」と話します。ある日碧くんが哺乳瓶でミルクを飲んで泣き出したとき、ニップルが潰れていたから飲めずに泣いていたとわかり、「同じように私のおっぱいも思うように出ないことがあるのだろう。よく考えれば、授乳のときに泣くのは決まって終わりがけの頃だった」と続けました。母方祖母と私は聴いていました。すると、碧くんが手足を目一杯つっぱらせ、顔を真っ赤にして、「うぅあー」と声を出しました。「おっぱいだね。今日は泣く前におっぱい」と抱き上げて対面すると、碧くんはお母さんを見つめました。お母さんは笑い、「おっぱいって言葉はわかっている気がする」と碧くんを見つめながら乳房を出し、「おっぱいが出てくるとなんかじっと見ている」と言いました。碧くんが大声をあげて身をよじると、「待っててね」と準備しながら、「でも、乳首は見ないんです。不思議ですよね。乳首は私が口元に持っていってあげないとうまくいかない」と、頭を支えて乳房を顔の近くへ動かします。碧くんも首を左右に動かし、二人は調整し合って授乳が始まりました。

　私は、おっぱいが碧くんを欲求不満にさせているから、「ミルクを出さない潰れた哺乳瓶のニップル」のような乳首を拒否されている、とお母さんは感じているのだろう、と思いました。そして、「自分は足りないおっぱいなのでは」と思うお母さんの痛みを感じていました。

　生後5カ月の観察、二人は初めての離乳食への挑戦を明日に控えていました。離乳食を始めることは、赤ちゃんとおっぱいとのお別れ、すなわち分離の始まりであり、お母さんにとっての子離れの始まりです。この日は、お母さんと碧くんとの間で、分離と再会が繰り返されました。まるで、離乳食という分離に対する二人の思いが表現されているかのようでした。

　　洗濯物を干すお母さんに置いていかれた碧くんは、私を見ながらタオルを吸い、お母さんと離れたことに耐えているようでした。お母さんが戻ると「うえ」と、不快さを含む甘い声を出しました。お母さんは碧くんの背面を抱えてソファーに座り、あやしました。碧くんは私に笑顔を見せました。お母さんは「先生が見える。先生も見てる」と碧くんの顔を背面から覗き込み「見られているのが嬉しいの？」と笑いました。二人が一体になったようなリズム遊びが続き、

お母さんは部屋を出て，碧くんは取り残されました。
　　タオルを口にくわえ，私を見つめて泣くのを堪えた数分後，お母さんと再会し，対面で抱かれた碧くんは，お母さんとの間に隙間を作るように不自然に身体をつっぱりました。碧くんは，お母さんがあやす声や動きとは不釣り合いに興奮した笑い顔で，身体は緊張しており，私は二人の間に無理があると感じました。碧くんは私に顔を向け，その不自然な笑顔を見せました。それを見たお母さんは「先生に見られているのが気になるの？」と言い，抱きあやすのを止めて床に横たえ，赤ちゃん体操を始めました。私からは碧くんの硬直した背中だけが見えました。お母さんはふいに「ああー，疲れた。ママも疲れた」と碧くんをソファーに横たえました。碧くんはソファーに頭と背中がついたとき，気持ちよさそうな声を出し，頭を左右に動かして自分を支える何かを確かめているようでした。その後，二人は親密なやり取りを続けて，私が時間を告げると，お母さんは現実に引き戻されたような表情で振り返りました。

　お母さんと碧くんは，どのように分離と再会を体験していたのでしょう。どちらの分離場面でも，碧くんはタオルをおっぱいの代わりとして使っていました。そして，私を〈見る〉ことと私に〈見られる〉ことは，碧くんの不安を抱える機能を持っていたようでした。最初，私は碧くんがタオルを吸うリズムに合わせて首を動かしながら見ていました。次は，背中をさすりたい思いを堪えながら見つめていました。私の表情やリズムは碧くんの不安と呼応し，思いを共有していることを伝えたようでした。
　一方で，再会の様子は異なっていました。最初は，母子は呼応して，安心感に満ちていました。しかし，次は，母子間に隙間があり，碧くんの緊張は和らがず，不自然な興奮に満ちていました。お母さんは遊びを導入しますが，それもうまくいきませんでした。そして，お母さんは碧くんに語りかける形で，最初は「見られて嬉しい」，次は「見られて気になる」と，私に〈見られる〉ことに対する複雑な思いを表しました。呼応し合うやり取りはお母さんが見て欲しい姿であり，私の眼差しに支持的な意味を読み取り，嬉しかったのでしょう。しかし，母子が噛み合わない姿は，お母さんが見られたくない姿であり，私の眼差しが気になったのかもしれません。

母子の間にズレや隙間が生じるのは，二人が別々の心を持つことを示す大切な印です。赤ちゃんの気持ちは目に見えるようにわからないから，親は赤ちゃんの振る舞いから心の状態を想像して試しに関わるしかなく，合うこともあれば，ズレることもあるのが自然だからです。お母さんと碧くんが無理して合わせようとする様子から，お母さんには「母子はズレてはいけない」という思いがあったのではないか，碧くんもその思いに応えて懸命に合わせたのではないか，という連想が浮かびます。「赤ちゃんにはとても傷つきやすくて無力なところがあるために，人は，赤ちゃんに『正しいことをする』ことについて深い思い入れを持つ」(Jones, 2004/2013)と言われます。お母さんの関わりに赤ちゃんが応じて一体感を感じられたら「正しいことをした」と思えるけれど，ズレると「正しいことをしていない」気持ちになるのかもしれません。「正しいことをしていない」自分を見られるとき，その眼差しは行為の誤りを批判するものとして体験されたかもしれません。このような眼差しにさらされながら子育てするのは，緊張して疲れることです。碧くんの顔を私から見えないようにしたのは，関わりの正誤の指標となりうる赤ちゃんの表情を隠し，否定的評価を避ける意味があったように感じます。このとき私は，二人の噛み合わなさを感じ，二人を見ることにしんどさを感じていました。

　ロウド (Rhode, 2012) は，赤ちゃん観察において不安があるとき，観察者は母方祖母の代わりに善良な目撃者の役割を担うことになったり，お母さんにとって耐えがたい，望ましくない感情を受けとる役割を担うことになりうると述べています。私は，母子の間に生じた緊張や不安という，お母さんにとって受け入れがたく，行き場のない気持ちの受け皿となりながら，いつもの場所で見ていたのだと思います。お母さんが「疲れた」と言った瞬間，二人の間に弛緩して安堵した空気が流れ，私も同時にホッとしたことを思い出します。その後，二人は私の存在も私に〈見られる〉ことを忘れたように，二人の世界へ入っていきました。このように，観察者に〈見られる〉ことは，お母さんに複雑な情緒を呼び起こすことがあり，私はそのような情緒を心に留め置くことになりました。

Ⅵ　母子にとっての〈見られる〉という体験

　こうして 1 年間，観察者に〈見られる〉ことを碧くんとお母さんはどのように体験していたのか，別れと再会のエピソードを手がかりに考えたいと思います。

　　観察終了の数週間前，碧くんが 1 歳になる頃，家族は引っ越しました。新居で，久しぶりに会った碧くんは私を忘れていました。その後，キッチンとリビングをつかまり歩きとハイハイで往復する壮大な「いないいないばー」をし，久しぶりの再会を表現しているようでした。別れの話をすると，お母さんは「毎週，来ていただいていたから，来られなくなるなんて，寂しいですね。ね，碧，寂しくなるね」と話しました。
　　最終回まで 1 回を残した日，入室した私をきょとんと見た碧くんは，急に思い出したのか笑顔を見せ，身体をよじりました。碧くんは，終了時間が近づくとふいにジャングルジムの階段を登り，雄叫びをあげて私を見ました。これまでできなかった滑り台を腹ばいで滑り降り，背丈ほどの採光窓につかまり立ちし，鍵を開け，窓を動かしました。お母さんは隣で彼を見つめ，私は二人を離れたところから見つめていました。碧くんは手の動きを止めて窓の外を見つめ，お母さんも並んで見つめました。外には，秋の田園風景と作りかけの庭がありました。私は，二人の背中と壁時計を見つめ，切なさに声が出ませんでした。時間を告げると，お母さんはハッと振り返り，碧くんを抱き上げました。「次回が最後になります」と言うと，お母さんは「先生，今度，最後だって」と碧くんに話しかけ「寂しくなりますね」と私を見ました。碧くんは私に手を差し出し，私が手を合わせようとすると，視線をそらして半開きの物置を見ました。私がそちらに視線を向けると，碧くんは私の視線の先で手を小さく振るので，私も振り返しました。お母さんに抱かれ，見送りに出た碧くんは，お母さんに促されても手を振りませんでした。
　　最終回，碧くんはおやつの途中，ふいに私に手を振りました。お母さんは「わかっているんだ」と言い，しんみりした時間が流れました。その後，来客が次々

訪れ，慌ただしく時が過ぎました。客が帰った静かな部屋でおむつ替えをした碧くんは，ソファーに頭をぶつけました。一瞬，シンとした後「わー！」と大声で泣きました。お母さんに抱かれ泣きやんだ後，おむつを包んだチラシ紙を両手でつかんで私の方に歩き出し，前のめりに倒れ，床に落として泣きました。お母さんは碧くんを抱きあげ，拾いあげたチラシ紙をおむつと一緒に捨てました。時間を告げると，お母さんはハッと私を見ました。碧くんを抱いて見送りに出たお母さんは，「話を聴いてもらえて，メンタルな面で助かりました」と言いました。碧くんは手を振る私を見つめていました。

　観察後2年半頃の再会で，碧くんは私を見知らぬ人として警戒しました。私がいつもの席に座ると，キッチンとリビングの間を走り，私から隠れて発見することを繰り返しました。それは，昔の「いないいないばー」のようでした。碧くんの表情は警戒から安心へ変わり，彼は私を思い出したようでした。水鉄砲を持ってきて「壊れてて使えなかった」と言うと，お母さんは「2年位前まで使っていたね」と答えました。彼は「これで遊びたい」と何も出ない水鉄砲の引き金を繰り返し引きながら，私たちが会わなかった間の出来事を語りました。私は遊びを見ながら，話を聴いていました。お母さんは「こんなに話すんですね」と驚き，「このところ叱ってばかりで話を聞いていなかった」とこぼしました。別れ際，碧くんは車が見えなくなるまで，手をずっと振っていました。

　これらのエピソードから，別れの寂しさを碧くんが確かに感じていて，私にその体験を伝えていたこと，別れた後にもその体験が心に残っていたことがわかります。お別れの1週間前，お母さんと碧くんが見つめた秋の景色は，実りと共に別れの寂しさを思わせるものであり，二人は景色を共に見ることによって寂しさを共有していたのかもしれません。私は，寂しい景色を見ている二人の姿を見ることで，語られないお別れの寂しさを共有していました。そして最終回，碧くんの大きな泣き声は，彼の精一杯の表現のようでした。私に届けようとしたチラシ紙にどんな意味があったのか，推測するしかありませんが，彼が私に伝えたかった何らかの思いがあることを確かに感じました。

　2年半後の再会は，お別れ直前の観察を思い出させました。人は乳児期

の出来事を言葉で記憶できないけれど，身体感覚や情緒的体験として記憶しています。私がいつも居た場所，碧くんが繰り返した行為と体験した感情，それは一連の流れとして記憶されていて，「いないいないばー」を繰り返す中で，彼は観察する私と共に居た体験を思い出したのだと思います。短い時間でしたが，彼の言葉で成長を分かち合い，以前はできなかった「バイバイ」をやりなおしました。

　そして，お母さんにとって，赤ちゃん観察は情緒的な支えであったと同時に，うまくいかない子育てを〈見られる〉複雑な体験であったことが示されました。私は，ときどきは話を聴きましたが，二人を見るか，見ることができないときは二人の姿を想像しながら過ごしていました。二人をつなぐように碧くんの気持ちを言葉にしたこともありましたが，アドバイスはしませんでした。お母さんの「メンタルな面で助かりました」という言葉から〈見られる〉体験そのものがお母さんの精神的な支えとなったことがわかります。一方で，再会時の会話から，お母さんには見えない碧くんの姿を私が見ていることを知ることが，お母さんを複雑な気持ちにさせていたことも伝わりました。私に碧くんが語る姿を見たお母さんは，観察初期，自分ではなく観察者を見つめる碧くんを見ていたときのように，観察者に応答的な母親役割を担われてしまい，自分が理想的に応答できない，不十分な母親であると感じたかもしれません。日常生活はさまざまなことが起こるので，いつでも子どもの欲求や気持ちに応じられないのは自然なことでしょう。碧くんは，お母さんとの間に安定した関係を体験してきたからこそ，再会した観察者と安心して話をすることができたのだろうと思います。

Ⅶ　まとめ

　子育て支援の場で母子観察は自然に行われています。支援者は，観察者がそうであったように，心理的な意味でお祖母さん役割を担う場合が少なくないでしょう。

　本章で示した赤ちゃん観察では，観察者の眼差しが支持的色合いを帯び

るとき，母親にとって〈見られる〉ことは支えられる体験となりました。それは，子育てのよい面をお祖母さん的存在に認められ，見守られている状態です。しかし，子育てがうまくいかず母親の自信が揺らいだり，観察者の眼差しが母親には見えない，あるいは見ることができない何かを捉えていることに母親が気づいたりしたとき，その眼差しは否定的な意味の評価的色合いを帯びて，お母さんは〈見られる〉ことに複雑な思いを抱くことになりました。うまくいかない子育てを見られる居心地の悪さや，第三者に子育てを「正しくない」と批判され，母親役割を取られてしまう感覚を含んでいたのではないかと思います。そのような思いを避けるために，お母さんは赤ちゃんと一緒に観察者から〈見えない〉ところに行って観察者の眼差しから距離を置き，観察者との心の距離を調整していました。

　お祖母さん的役割を担う観察者から〈見えない〉ことがあることは，お母さんの子育ての主体性を守り，育むことでもあったと思います。もし，観察者がすべてを見ようとしていたら，お母さんは認められる子育てだけを見せ続けなければならなかったかもしれません。また，〈見えない〉ことを観察者が心の中で切り捨てていたら，観察者とお母さんの心の関わりの一部は消えてしまったかもしれません。観察者が〈見えない〉二人を想いながらその場に居続けることは，観察者の眼差しを見えない姿と見える姿の両方に向かわせ，観察者がありのままの二人と出会うことを助けました。

　一方，赤ちゃんにとって第三者から関心を持って〈見られる〉ことは，母子の二者関係から分離していく発達の過程を支えました。碧くんはたびたび，能動的に観察者を利用しました。観察者が母親と共にいるときは，碧くんの姿を写しだす鏡のように見つめられました。赤ちゃんは自分を見つめるお母さんの瞳の中に自分自身を見ます（Winnicott, 1967）。同様に，赤ちゃんを見つめる第三者も，瞳の中に赤ちゃんを映し出す鏡のように機能しうるのかもしれません。また，母親との関係を調整するときにも観察者は見つめられました。お母さんとの間に緊張があるとき，碧くんが観察者を見ると，お母さんはその視線の動きを読み取り，流れる情緒に気づき，二人の関係に変化が生じました。そして，母親が不在のとき，観察者の心が安定しているという条件付きですが，不安を伝える対象として見つめら

れました。碧くんの不安に調律した観察者の表情やリズムは，碧くんの不安を抱えていたのだろうと思います。

　上述の体験を踏まえたうえで，子育て支援者はどのような心の姿勢で，母子を見守るとよいのでしょうか。

　子育て支援では，親の潜在的な力を育むことを目指し，指導助言ではなく，受容と肯定的な評価を重視します（渡辺，2011）。支援者は母親の子育てを受容し，肯定的な評価の眼差しを向けようとすることでしょう。多くの場合，そのような支援者の関わりは，母親の潜在的な力を引き出し，母親としての自信を育むことにつながります。しかし，その眼差しが，母親の「よい母親でありたい」思いと相互作用して，評価される理想的な母親であることを強いてしまう可能性にも留意したいと思います。子育て支援の場で母子が見せている姿は，支援者の評価や期待に応じた姿であるのかもしれません。母親が支援者に見せたくない姿があること，見せていない姿があることにも思いをめぐらせ，そこで生じている否定的感情を含む複雑な思いも同時に大切にすることが，ありのままの母親の姿を受け止めることにつながり，それが母親の心の支えとなりうると思われます。支援者には，自分から〈見えない〉事柄や否定的情緒に対しても，心を開いていることが求められると思います。

　さらに，母親から見えないことや見えにくいことを支援者が先に見ることは，母親にとって良い母親役割を奪われるように体験されるかもしれず，その結果，赤ちゃんの愛情を失う不安を体験させるかもしれないことも心に留めたいと思います（Stern，前掲）。母子の間で起こることを支援者は見取って，二人の情緒的交流と自身の心の動きを感じながら，危急に関わる必要がない出来事については，しばらく心に留めて，母親と共に見ることができるときを待つことも大切だと思います。

文　　献

Jones, S.G.（2004）Understanding Your One-Year-Old. The Tavistock Clinic.（平井正三・武藤誠監訳（2013）子どもを理解する〈0～1歳〉（タビストック・子どもの心と発達シリーズ）．岩崎学術出版社）
Rhode, M.（2012）Infant observation as an early intervention: Lessons from a pilot

research project. In Urwin, C. & Sternberg, J. Eds.（2012）Infant Observation and Research: Emotional Processes in Everyday lives. Routledge.（鵜飼奈津子監訳（2015）第 10 章　早期介入としての乳児観察——予備調査・研究プロジェクトから学んだこと．乳児観察と調査・研究——日常場面のこころのプロセス．創元社）

Stern, D.N.（1995）The Motherhood Constellation: A Unified View of Parent-Infant Psychotherapy. Basic Books.（馬場禮子・青木紀久代訳（2000）親－乳幼児心理療法——母性のコンステレーション．岩崎学術出版社）

渡辺顕一郎・橋本真紀（編著），NPO 法人子育てひろば全国連絡協議会（編）（2011）詳解　地域子育て支援拠点ガイドラインの手引き——子ども家庭福祉の制度・実践をふまえて．中央法規出版．

Winnicott, D.W.（1967）Mirror role of mother and family in child development. In Winnicott, D.W. Ed.（1971）Playing and Reality. Tavistock Publications Ltd.（橋本雅雄・大矢泰士訳（2015）改訳遊ぶことと現実．岩崎学術出版社）

第 5 章
対談：保育者から臨床心理士へ
赤ちゃん観察と子育てをいきる

鷹嘴真由子 × 鈴木　龍

この対談が実現した背景は次のようなものである。鷹嘴さんは，乳幼児観察後半に妊娠したため観察を中退。その後，育児が一段落した段階で，中断した観察のまとめを元の観察グループに報告した。本書の出版企画が進んでいるときだったので，本書のテーマを文字通り生きた鷹嘴さんの対談を語ってもらいたいとの編集者の願いを伝えたところ，彼女は快諾してくれたので鈴木との対談が実現した。

鈴木：鷹嘴さんがこれを引き受けてくれたので，今日までのあなたのいろいろな思いを聞かせてくれますか？　どんな感じがしたのか？　ある意味では自分を語るということになりますが。

鷹嘴：メールでもお伝えしたように，双子を授かり，妊娠中は胎児手術もあってすごく大変でしたし，出産も育児も大変すぎて私のこころが置いてきぼりになったまま，私は母親になりきれないで母親になってしまった，という後悔の気持ちがずっとありました。でもそれが何なのかずっとわからなかった。せっかくお母さんになれたのに，せっかく健康な子を二人も産めたのに，この大きなわだかまりをなんとかしないと，と思い最近自分の気持ちと向き合うことにしたんです。向き合う中で，私の中に，どうしても一人の子を育ててみたかった，という思いがなかなか消せずにあったということに気づきました。一人の子を妊娠してから出産まで，医療の手をあまり借りずに，一人の子を出産して一人の子と向き合って，もうちょっと穏やかに生活をしたかったという気持ちがずっとあったのです。でもそれを私は認められなくて。多胎妊娠，出産のリスクを知っていたので，そんなこと思っちゃいけない，二人も健康な子を産めたのだから，と。でも自分が想像していた妊娠，出産，育児と現実がすごく離れていて。

鈴木：僕そのようなことメールで鷹嘴さんから聞いていたかな？　今のお話をまったく新鮮な思いで聞いてるんだけれど。あなたは幼稚園の先生をされていたし，**乳幼児観察**のはじめの段階で自分自身がああいったかたちで妊娠されて，しかも双子，予想もしていなかったことですよね。あなたはそれはもう，幼稚園でちいさな子と，同時に，そのお母さんとも接触して育児の歴史なんかもいろいろと聞かされる機会があっただろ

うし。そういったことを通して，妊娠した当時，母親になるということに対してどんなイメージをもっていましたか？

鷹嘴：たしかに幼稚園で働く中でいろいろなお母さんと子のペアを見てきましたし，いろいろな子育てのやり方があるんだなというのは，人よりも多く見てきました。だから，きっと自分はうまくやれるだろうという思いもあったんだろうと思います。それが蓋を開けてみたら，双子妊娠という，想像もしていなかったことでした。それから，一卵性特有の双胎間輸血症候群になり，二人の命が助からないかもしれなかった。それが二人揃って助かったのだから，一人の子を育ててみたかったなんてそんなこと思ってはいけない，私は大変って思ってはいけないんだ，ということを思っていました。産後半年ぐらいは，「これは幸せの大変なんだ，大変なんて言ってはいけない。思ってもいけない」と思っていました。でも，半年を過ぎたぐらいにブワーっと「大変」というのが私の中に押し寄せてきてしまって。目の前にいる子たちはすごく可愛いし順調に育ってきているのに……。

鈴木：じゃあ，出産後も二人のお子さんたちは全体的には順調な発育だったんですね？

鷹嘴：順調ですね，はい。とても恵まれているはずなのに，私のこころはどうしてついていかないんだろう，なんでなんだろう，とずっと思っていました。そこで，やっぱりこの課題ともう少し自分で向き合わなければいけないと，去年の夏ぐらいに思い，こういう心理職という仕事についているのだからいつかは受けようと思っていた個人分析を，できる範囲で受け始めました。それから，「あ，自分は一人の子どもとじっくり向き合って育てたかったんだ」という思いを少し認められるようになったところに，鈴木先生から今回の対談のメールをいただいたんです。それが昨年末ですね。

鈴木：そうすると，メールにも書いたんだけども，今日のためにあなたの観察の膨大な記録を目にする余裕は僕には全然なくて，でも最後のあなたのまとめ，観察グループへのフィードバックのときのディスカッションの記録は岩永先生（第8期グループ）がとってくれたものだから結構

よく記録されているじゃないですか。それを読み返して大体そのときどういう風にやりとりされたかというのがわかって，あれが2月14日だから本当に丸一年前だよね。今言われた去年の夏は，グループに報告を行った後のことですね。そのとき，この記録をまとめている段階では，あなたはまだ，どうして自分は一人の子を産み育て，いわば順調に育てるということができなかったんだろうということを巡って，さまざまな葛藤を感じていたんですか？

鷹嘴：そうですね。でも，観察をさせていただいた赤ちゃんのお母さんと自分を，同一化ではないですけど，「一人だったらもっとうまくできたのに……」と，この上の子もいらっしゃるお母さんもきっとそう思っていたに違いない，というところに焦点を当ててまとめをしていたのかもしれません。

鈴木：そうだねぇ，はい，はい。あなたが乳幼児観察を始めるにあたって，あなたの中で，一人の赤ちゃんをじっくり育てる母子関係なり，母親のあり方といったものを普通のもの，自然なものだと思っていたとしたら，この観察っていうのは，あなたにとってはまったく想定外のことだったということですか？

鷹嘴：そうですねぇ。まさかこんなに二人を……乳児観察と幼児観察の両方をやっているようなことになるとは。なので私，途中で観察の主人公である赤ちゃんをちゃんと観なきゃいけない，お兄ちゃんも観なくちゃいけない，さらにお母さんのことも気にかけて……と，だいぶ観察中混乱していたんじゃないかと思います。でもそこを何度もグループで考えて，支えてもらい，赤ちゃんを観る，ということに集中していけるようになりました。

鈴木：この観察自体について，今話してくれたことに触れてみますね。まず前提として，あなたは幼稚園の先生としていろいろな育て方なり，母子の関係なりをたくさん見て，関わってきましたね？　やっぱりその体験っていうのは，他の人の，たとえば僕が体験した乳幼児観察とも違うし，他の人のとも違うと思います。中には乳児院で働いてる人が何人かいましたが，そういう人にとっての観察とも違うでしょう。保育園や幼

稚園でちいさな子どもとお母さんの関係を通して，いろいろな**母子関係**を見てきている中で，あなたがとりわけ一人の子を育てているお母さんというものに関心をもって，それが当然のものだ，そうありたいと思うのは，あなたの幼稚園での経験と関係があることですか？

鷹嘴：幼稚園や保育園は，まず集団がありきです。だから，その中で私はもう少し一人の子どもをじっくり観たいという気持ちもあって，心理の職に移ったところもあるんです。それなのに，もっと一人の赤ちゃんをじっくり観たいのに，赤ちゃん観察でも自分自身の妊娠，子育ても，自分の考えとはいつも違う方向に行ってしまう。保育園や幼稚園では，集団としての個の育ちを観ていくので，あまり子どもの個にばかり焦点を当てていくと難しくなってきてしまうところもあると思うんです。それに，幼稚園や保育園の先生は，いかに子どもと関わっていくか（実際に関わるだけでなく環境を通しても含む）が専門になってくるので，乳幼児観察の観察者やお母さんとも役割がまたちょっと違うのかな，と思います。

鈴木：それと同じことなんでしょうか？　あなたのグループの前に藤島先生（第5章）がいて，NICUで働いている経験のある人なんですが，観察したときは，乳児院で働いていたんですよ。彼女が言ったことで僕に強烈な印象を残したことがあって，たくさんたくさん赤ちゃんを乳児院では見てきていて，それで自分が観察を始めたら，観察を始めた赤ちゃんから自分がジーっと凝視される，とびっくりしていたんです。彼女は自分の子どもを育ててきた女性だから，そういった意味で母親としての経験もあるし，仕事の領域でも非常にちいさな子，赤ちゃんなんかもたくさん見てきたかたなんです。それが，一人の赤ちゃんを観察してみたら全然違った反応をする，という経験にびっくりして，こんな風に乳児院で見つめられたことがないということを言っていた。たまたまそのグループの中で似たような立場の人がいて，長谷川先生（第1章での事例提供者）がやはり乳児院で働いていて，観察で赤ちゃんにずっと凝視されるっていう体験をしています。だから集団を扱うのと個人を観るっていうのとは随分違うことなんだろうなぁって思っていたんですけどね。

鷹嘴：やっぱり違いますね。その子個人の思いにずっと気持ちを寄せていくというのは，集団だとなかなか難しいと思います，先生が集団を引っ張っていくというところも大きいですし。

鈴木：実際に一人の赤ちゃんを観れると思ってあなたが赤ちゃん観察を始めたのに，あなたの期待と直面した現実は違った。それをしかも，引っ張っていくのではなくて，観察するっていう立場は，あなたにとってどんな体験でしたか？

鷹嘴：引っ張って？

鈴木：だって，幼稚園のときは子どもたちを引っ張っていくんですよね？

鷹嘴：そうですね。多分，そこがすごく難しかったんです。それが私の乳幼児観察の膨大な記録に表れているんだと思います。関わらないでただ観ているだけ。お母さんにも積極的にアドバイスもしないし，手助けもしない。とにかく赤ちゃんを見て，その赤ちゃんがどんなことを感じているのか，ただただ思い続けるという作業。それをうわーっと吐き出すように記録に起こしたのかな，と。私も記録を読み返したら，グループのディスカッションで私が色まで詳細に記録していて，先生がたから「すごい量だね」とコメントがありました。今思うと，よっぽど私は手を出したかったし，関わりたかったし，話したかったし，引っ張っていきたかったんだと思います。そのことができない分，吐き出すかのように記録を書いていたんだと思います。でも，それでも足りなくて，不安でしょうがなくて，居てもたってもいられず，グループで言葉に出して話すことで先生がたに支えてもらい，やっと安心してまた次の観察に行けたんだと思います。

鈴木：今の話だけだったら二人の子じゃなくて一人の子の場合でも，観ることしかできないという意味では同じだから，あなたが初めて赤ちゃんの観察をおこなったら同じことが起きそうですね。あなたにとっては手も出せないし，助言もできないし，いっぱい相手をすることもできない，ある種のフラストレーションですよね。

鷹嘴：そうですね。

鈴木：自分ができることができないっていうフラストレーションだし，自

分がやっていることについて，これでいいんだろうかという不安感が伴うっていうこと？

鷹嘴：はい……。

鈴木：あなたは幼稚園の先生として集団を相手にして，ある子が何を望んでるかということより，集団としてある方向に遊ばせるといった経験をされてきたことと思います。でもどこか不満があって，個々の子をもっとよく観たいと思って臨床心理の方向にいって，その最初の段階で乳幼児観察という，一人の赤ちゃんとお母さんとの関わりをその場でまったく助言もせず，手も出さずに観て，観ている自分の気持ちを同時に観ていくという作業を行った。それがあなたにとって非常に満たされない不安な体験であり，また，観察の中でお母さんなり赤ちゃんなりの不安をキャッチするわけだから，目を通して，自分の中に入ってきたさまざまな不安でいっぱいいっぱいになってしまう。それが記録として表れるだろうし，セミナーでのディスカッションの中でも表されたんではないでしょうか？

鷹嘴：はい。私も幼稚園や保育園で働いていたときの記録を引っ張り出して来て，今日持ってきているんですが……。

鈴木：そこに何かエピソードになるようなことってありますか？　いろいろ経験しているんでしょうけど，乳幼児観察と対照的にあなたが一人を観れない，または，幼稚園の先生としてのあり方を示すような……。

鷹嘴：幼稚園の先生とかもやっぱり共感的理解ってすごく大事になってくるので……。

鈴木：その言葉はよく使われる言葉？

鷹嘴：すごく使われます。いかに子どもの気持ちに思いを寄せるかということは，幼稚園や保育，の先生もするのですが，思いを寄せたときに，じゃあ次はどうしていこうか，どうやって私（先生）は関わっていこうか，となっていきますね。それは乳幼児観察ではないじゃないですか。ただひたすら，赤ちゃんはこういう風に感じたんだなというのを抱えていって，その次に私には何ができるかなっていうところには気持ちや考えをもっていかない。これはちょっとしんどかったです。幼稚園の先生だっ

たらここはこう関わって，もっとこの楽しい気持ちを持続，発展させてあげられるのにとか，今ここのこのことがすごく面白いと思ってるから，じゃあ次はこういうこともやったら楽しいかもしれない，発見があるかもしれない，と考えていくと思うんです。それをしないで，ただ赤ちゃんの気持ちをひたすら抱えて持続させていく。そして自分はそのときどう感じたのか，自分の気持ちに正直に向き合っていくという作業が，多分，最後まで私には難しかったし，どうやったらいいのかわかるのにも時間がかかりました。

鈴木：なるほど。あなたが保育者であれ幼稚園の先生であれ，子どもの気持ちを共感的に理解して，そのうえでどう関わるかっていうのが重要であったことが，非常によくわかります。僕はあの場で，どの程度言ったか覚えていないけど，今の話を聞いたおかげでよくわかる気がしたことは，おそらく鷹嘴さんはそういったことで非常に苦労してるだろうなぁと漠然とは思っていたことだと思います。他の観察者たちはそういったことは簡単に理解して，感じ取って，手も出さないということに不満や不安感をもたないのか，これはまた結構大きい問題だと思うんですけどね。僕は5回くらいやってからその不安感が減っていったんだけど，乳幼児観察をしますと言って最初にグループが集まったときに，観察することが母子関係に悪い影響を及ぼすんじゃないかというのはかなり大きな問題で，観察したいという人もその問題をよくはじめにもち出してきますね。でも最初の頃は，観察を受け入れてくれるお母さんがいるってことに助けられたって面があるし，ずっとやっていると，赤ちゃんはハイハイができるようになると観察者に近づいたりするから，単に見てるだけじゃない関わりに引きずり込まれる。ましてや一年を過ぎていくと，もっと一緒に遊ぶといった面がどうしても出てくる。それでもこっちが積極的に働きかけるということはまずしないですよね。それをしたとしたら，その観察者の場で一体何が起きているのだろうかってグループでディスカッションをすることになります。でも基本的に観察という関わりに対してお母さんが関心をもってくれて，2年間近く見てきた観察者に対して，多くの場合肯定的で，観察者がいることで助けられたってい

う反応があった。それだけじゃなく，赤ちゃんが観察者に対して関心をもち，愛着を示すようなことがわかっていったから，観察グループを何回か重ねていくうちにそれほど母子関係に破壊的ではないのだろうと思えるようになったんです。でも，その不安感って最初のうちは新しいグループの中で必ず質問に出ます。それに対して僕は，2年間やっていくと今までお母さんは観察に肯定的な反応をしてくれたと回答していったんですよ。だから，みんなやっぱり同じような疑問と居心地の悪さをもつんだと思います。あなたが幼稚園の先生だから不安をもつということではなかったんだと思います。ただ，あなたは幼稚園での基本的なスタンスがあったから，余計にそれはしんどかったんだろうなぁとも思います。理解してじゃあ次にどうするのっていうのはせず，観続けるっていうことだから。それで，今話したような不安は最後まで続きましたか？

　最後，妊娠してからはもちろん別の負担が加わっていったのでしょうけど。

鷹嘴：私も記録を読み返して思いましたし，グループの先生がたから言われたことでもあったのですが，妊娠して，それをお母さんと共有したら，記録が読みやすくなっていました。確か観察のまとめでも，私の記録の読み方が，妊娠以降の部分はゆったりと読めていた，という指摘もありました。だから私，妊娠前はどこかで幼稚園の先生として乳幼児観察に行っていた気持ちがあってすごく強迫的になっていたのかな，と思います。またここのお家も，私の教え子のお母さんの紹介だったので，私を幼稚園の先生として家に招き入れていたという部分もあったように思いますね。

鈴木：そのまとめの記録は，僕，今日に備えて読んだんですよ。そうしたら自分として理解できなかったところがあって。二人の子が，かくもお母さんにすがりつく光景があって，それに音を上げたお母さんの声も含めて，どうしてあなたが全部引き受けなくちゃいけないことになってしまったのか，僕は解せなかったんですよ。だって，上にお兄ちゃんやお姉ちゃんがいる二人の子の観察なんていっぱいいっぱいあって，嫉妬はもちろん起きるし授乳だって妨害してくるし，お母さんを巡っての取り

合いというのもよくあることだし。でもあなたの記録を読むと，二人の子はお母さんにとってほとんど双子のようでしたね。年齢差は結構あるのに，そうですよね？

鷹嘴：2歳あります。

鈴木：それなのにほとんど双子……，そういった意味で運命って不思議ですね。あなたの観察のまとめは，あなたの双子の赤ちゃんを育てていったという生々しい体験が反映されている面もあると思っているんです。でもどうしてそうなったんでしょう？

　同じお兄ちゃんお姉ちゃんがいても，この光景って一体何なんだろう？　なんで鷹嘴さんはこれだけ大変になってしまったんだろうかって考えたんですよ。やっぱりあなたが幼稚園の先生だったからなんだろうなぁと思いましたが，もう少し僕が考えたことを言ってみるので，あなたがどう感じるかも聞かせてください。

　まず何よりも，鷹嘴さんが幼稚園の先生だということを，この赤ちゃんのお母さんはもちろん知っていたけれど，たぶん赤ちゃんのお兄ちゃんにとっても何らかのかたちで知らされた。そういった環境で観察が始まって，でもあなたはやっぱり手も出さない，助言もしないという乳幼児観察のルールを守ろうとしますよね。あなたの場合，そのことに**罪悪感**のようなものがあったのではないかと思うんですよ。お母さんは二人の子を抱えていて大変なのに，自分は何もしないことに。あなたのときのグループで話しましたが，タビストックのときの僕の乳幼児観察のグループに三つ子を産んだお母さんの観察がありました。それはそれは大変で，お母さんの関心は絶えず移るし，いろいろ援助する人が入れ替わり立ち替わり入ってくるし，お父さんは昼間も家で何か仕事をしていたせいかいつもいて，何も手伝わない観察者に対しては胡散臭そうな目で見て，少なくとも観察者はそういう風に感じて，なにもしないで観察する態度でいられなかったんです。

　それから，今日よく聞きたいことなんですが，お母さんの方も，あなたは幼稚園の先生であってもここには幼稚園の先生として来てもらっているのではないという意識が強くあったと思いませんか？　お母さん自

身も自分一人で子どもをみて，子どもがあなたの方に近づいていったら抑えてあなたに関わらないようにしたり，または暗黙のうちに子どもがそうしないようにしたり，ということを意識的にか無意識的にかやっていたのではないでしょうか？

鷹嘴：たしかに子どもたちが私と関わることは，それほど多くなかった。「遊ぼう」と言ってくることも少なかったなぁという印象があります。でも観ることについては，赤ちゃんを観ることをお兄ちゃんが妨害してくることはたくさんありました。

鈴木：なるほど，お兄ちゃんはよくわかっていたんだ。でも，あなたのところに近づいてきて，遊びに巻きこむというようなことは？

鷹嘴：それは少なかったですね。赤ちゃんを観ていると，その前に入ってきてお話してきたり，赤ちゃんを観られなくなるような場所でお菓子を食べ始めたり，そんなかたちで邪魔をすることはありました。

鈴木：なるほどね。それは本当に，観察者とは弟の赤ちゃんを観る人だということを，そのお兄ちゃんには刻印されていたってことだよね。

鷹嘴：お母さんが，ときどき，そうやってお兄ちゃんが私の邪魔をしてくると，「まゆこ先生はお勉強しに来てるんだからね」といったことはよく言っていました。お母さんが赤ちゃんを私の方に預けに来る姿もたしかになかったです。

鈴木：最初だけですよね。最初のときたしか，病院でだっけ？

鷹嘴：産院では，お父さんが「抱っこしてあげてください。これからお世話になるんだから」と言って抱っこをさせてくれました。あとはご実家からご自宅に戻られて翌日の観察のときに当然すごく家中がバタバタしていて，そのときはお母さんも思わず私に赤ちゃんを渡してきましたけど。本当にそれくらいで，少なかったです。抱っこした記憶はたぶんその2回か3回くらいしか……。

鈴木：これだけ大変だったら，観察者にもっと任せそうなものですよね。たとえば，大変だとお母さんがキッチンに入り込んじゃって，それで子どもたちは観察者が相手しなくちゃいけないという状況はわりとよくあります。今までで一番極端なのは，観察に訪れるといつも自販機で買っ

たものを出してくれるお母さんが「それが切れちゃったんで自販機まで買い物に行って来ますから」って言ったんです。観察者は赤ちゃんを面倒みることになるんだけど，もちろん「それは困ります」とは言えないし。だからそういった例と比べると本当にこの大変なお母さん，二人の子を抱えて大変なのに。観察者が観る観察者としてのみ存在するといったフィクション，それは事実でもあるけれども，極端な観察者のイメージが支配しているっていう感じですね。

鷹嘴：そうですね。台所に逃げるっていうことはなかったかもしれない。それよりもやっぱり先生なんだなって思ったんですけど……。

鈴木：最後の観察の回に赤ちゃんが別れ際にあなたに初めて言った「テンテ」っていった先生ね。それはわりとよくあることだ。

鈴木：あなたの乳幼児観察の話をしてもらって，どうしてあなたがあれほどまで大変な思いをしたのかということを巡って話していますよね？ 自分としてはどんな感じがするでしょう？ 何か率直に言葉で表せますか？

鷹嘴：私はいわゆるごく普通のご家庭の観察をさせていただいたと思うのですが，乳幼児観察を振り返ってあぁ大変だったんだなぁとあらためて思いました。

鈴木：そういえば，あなたがさっき，一人を順調に育てたかったと言ったとき，僕は自分のイギリスでの乳幼児観察のことを思い出していました。赤ちゃんは最初の子で，父親も育児に協力的であったので，お母さんは子どもに関心を集中させることができて，順調な発育でした。それでも母親は自分の自由やキャリアを失うことで気分が落ち込んだり，また離乳をめぐって母親はひどく不安になって，観察者の私も大変な時期がありましたが，母親が一人の子に集中できたから困難に対処できたとも言えます。

　ところが日本で観察を始めてみると，一人っ子でも，お母さんが私の方の話を聞いてよ！と求めてくる場合があったり，まして兄や姉がいると赤ちゃん返りをおこしたり，観察者の注意を求めてきたりして，観察者もどうしたらいいのかわからなくなります。それは観察グループでみんなで

考えていくことで，はじめて観察者の態度がキープできるのですが．

鷹嘴：そうですね．お母さんは「もうお家が壊れそうだ」って言っていたこともありましたし，お父さんがせっかく子どもたちに作ったイスが簡単に壊れちゃったこともありました．

鈴木：鷹嘴さんの報告のまとめを聞いて，あなたが**断乳**っていう言葉を使ってることが僕は非常に引っかかったんですよ．結局1歳半くらいで乳離れしていますよね？　よく読むと，お母さんは二人の子を相手にしなくちゃいけない大変さがあったし，赤ちゃんの方も，いつもお兄ちゃんが妨害してくる中でおっぱいを与えられているから，本当の意味で自分を中心とした授乳体験がもてないために，いつまでもおっぱいにしがみついていたことがたしかに見られてると思った．でも，それに対してお母さんが時にはおっぱいはここまでにしようねと言いつつもさらに与えたりして，そういうやりとりの後で1歳半で**乳離れ**していきましたよね．それは相互作用と言えないですか．お母さんは乳離れさせたい気持ちもあるけど，この子はしがみついたり，でもあなたが見てとっているように，自分から乳首を離すこともあったり，またしがみついたり．そのプロセスの中で，離乳が成り立っていたと僕は思ったんですが，でもあなたは断乳っていう言葉を使っていました．断乳ってやっぱり一方的な感じがして，主に母親の方からおっぱいにいつまでもしがみつく子どもに乳を断つという感じが強いと思うんですよ．あなたが断乳っていう言葉を使っているのはどうしてなんでしょう？

鷹嘴：私の中で，離乳は**卒乳**か断乳に分かれていて，お母さん主導で進めるのが断乳，子どもが自分からおっぱいとさよならするのは卒乳なんです．今のお母さんたちもそういう考えでいると思うのですが．

鈴木：それは幼稚園でもそういう言葉遣い？

鷹嘴：幼稚園だとさすがにおっぱいを飲んでる子はほとんどいないのですが，普通にお母さんたちが使っている言葉ではありますね．それで，この乳幼児観察のお母さんはお母さん主導で離乳を進めていったので断乳だなぁって．

鈴木：そうか．だけど，お母さんのほうも一方では赤ちゃんを失うという

か，もう赤ちゃんじゃないっていうことに対しての悲しみっていう側面もあなたは記録していますよね？　それでもやっぱりお母さん主導？

鷹嘴：そうですねぇ。お母さん主導だと思います。お母さんが時期を決めているなぁという印象をもっていたので。1回失敗しているんですよね。

鈴木：実家に帰ったときですね。

鷹嘴：お父さんの協力もないからうまくいかなかった，というような話があって。でもその後たしか，お兄ちゃんの幼稚園が決まったらうまくいったはずです。

鈴木：僕が読みとった範囲では，お兄ちゃんの幼稚園が決まったら赤ちゃんにはお母さんを一人占めできるっていうことがあった。たぶんこの子には自分だけのおっぱいが必要だったのかなぁとは思って読みました。

鷹嘴：そうですね。お兄ちゃんの幼稚園が決まって，赤ちゃんがお母さんのことを初めて「ママ」って言えるようになって，おっぱいにしがみついて，やんややんやっていたらおっぱいが終わった。そう思うと，そのあたりは離乳ですね（笑）。

鈴木：とにかくこの断乳という言葉には赤ちゃんがおっぱいに対してしがみつく必死さが感じられるんですが，あなたにはむしろお母さんの大変さにより共感，同一化していったように僕には感じられる。それは二人の子を抱えていて四苦八苦していたからですか？

鷹嘴：お母さんがですか？

鈴木：うん。

鷹嘴：うーん。二人の子を抱えていたから……。

鈴木：一人だけじゃなくて二人の子を抱えてギリギリのところで努力している，この母親の大変さをあなたは分かち合っていたように思うんだけど。お母さんは赤ちゃんとお兄ちゃんの相手をしているから，赤ちゃんにとっては，自分におっぱいが十分に与えられないという，この赤ちゃんの気持ちへの共感はより難しい。お母さんの大変さにあなたの気持ちは向かざるをえなかったのかなぁって思う。

鷹嘴：そうですね。お母さん寄りの気持ちでした。本当にすごくて，おっぱいへの執着が。たしかグループでも，まるで赤ちゃんがお母さんを奪っ

ているみたいだって話が出るくらい強烈でした。こんなに求められたらお母さん大変だよなぁって……。

鈴木：四つん這いになっておっぱいを吸ってくる，おおきな赤ちゃんがというのがまとめにも出てきましたね。

鷹嘴：いわゆる赤ちゃんを抱っこしての授乳ではなくて，お母さんが全部吸い取られてしまうんじゃないかな，という勢いでした。でもお兄ちゃんもお母さんを独占できない欲求不満があって，赤ちゃんもお兄ちゃんも二人ともお母さんを求めていて，それなのに，傍にいる私は何も手出しもしないでただ観ているだけ。そういう状況だからお母さんはしんどいだろうなぁと思いました。

鈴木：そういった大変な最中だったあなたが，自分が妊娠して，しかも双生児で，はじめの段階からハイリスクだと医者の方から言われたときに，当然自分の中で育っている赤ちゃんのことを念頭に置かなくてはいけないんだろうけど，それでもできれば観察を最後までやりたい，という気持ちになっていましたよね。あの強烈な気持ちは何だったんでしょうね。

鷹嘴：あれは何だったんでしょうねぇ（笑）。時期的にも，私の出産予定日の２～３カ月前に観察のお子さんが２歳になるので，ギリギリ最後まで頑張れそうだというのもありました。あと，やっぱり二人をお腹に抱えることに対する自信が私になかったので，見ないようにしていた，否認していたところもあるんじゃないかなと思いますね。でも乳幼児観察のグループで「あと１～２回で観察はやめなさい」と先生がたから言われたとき，もう覚悟を決めるしかないなと思いました。

鈴木：もちろんグループではおなかの赤ちゃんの方を優先するよう主張しました。もし観察者が自分の赤ちゃんのことを二の次にして観察していたら，それはわが子のことより勉強の方が重要ということになり，観察を引きうけてくれる母親にとっては自分の赤ちゃんを何よりも大事に思う気持がわかってもらえないと感じることになると考えたからです。ただ，あなたが妊娠してから，みんなが「記録の仕方が変わった」とか「楽に聞けるようになった」という反応があったじゃないですか。まとめのときも報告のときも。あれを聞いてあなたはどう感じました？

鷹嘴：それを思い返しながら最終回か何かの記録を読み返していたときに，私はずっと自分はこの家で幼稚園の先生としての役目を求められているんだろうなと思いながら観察に行っていて，あちらは「お母さん」，私はどちらかというと「先生」という立場でいたんです。でも，妊娠してからは，お母さんが「妊娠中はこういうことをした方がいいよ」などいろいろなアドバイスを逆にくれるようになって，立場が変わって，なんとなく私もお母さんのことを自分のお姉さんみたいだな，と思うようになっていったんです。立場が変わって，こちらが何かしなきゃいけないという気持ちが随分なくなったんですよね。

鈴木：僕の言葉で言えば，何かしなくちゃいけないのにしていない罪悪感みたいなものが……。

鷹嘴：それがなくなったんだと思います。

鈴木：僕はあなたがあそこでやめてよかったと思っています。でも，あなたが本当に順調に妊娠，出産にいけるだろうかということは個人的に心配していましたが。後日，あなたから無事に生まれたと知らせが入って，本当に安心し，嬉しくなりました。それに，あなたの赤ちゃんが1歳くらいになったときは振り返ってみる余裕が出てきましたよね。もちろん大変だったと思いますが。子育てに無我夢中で対処していたんだろうけど，二人の子を観察したことが，自分の双子の妊娠と子育てになんらかの意味をもったと思いますか？

鷹嘴：いろいろ考える機会を与えてもらったなぁと感じています。まだ娘たちが小さかった1歳くらいになるまでの間，途中何度もギャンギャンギャンギャン泣いて手に負えないときがあったんです。でもそのときに，乳幼児観察で「何でなんだろう」と考える癖がついていたので，「これって何なんだろう」と考えたときに，「私すごく今つらいんだけど何でなんだろう」という気持ちにつながって，「この私のしんどさはきっと娘たちもそうなのかもしれない」と考えることができたんです。もしかしたら今この子たちはぐっと成長するときで，私がつらくてしんどいくらい混乱しているように，娘たちも混乱しているのかもしれない。じゃあこれは受け止めてあげなきゃ，大丈夫だよって受け止めてあげなきゃ，

と思えたら，すごく気持ちが楽になりました。「あ，またこの時期が来た。きっとぐんと成長する時期なんだ」と思えたのは，ギャンギャン夜泣きがひどいとき，わけのわからない混乱の時期を乗り越えるのに，私にとっては助けになりました。双子なのでそれが同時に襲ってくることもあり，体力的にはつらかったけれど，気持ちを支えるうえでこのことはすごく助けになって，1歳までの時期は越えられたなぁと思います。あと，前にまとめを発表したときにも先生から「観る」ということにどういう意味があったと思う？と問いかけられて，その問いはずっと頭の片隅にありました。私の中でどういう意味があるんだろうと考えていたときに，はじめは私が観ていてあげると，子どもって長く遊んでいられたり，まだお食事も上手にできないときでも自分で食べるのを頑張っていたりするんですが，それは私が「頑張れ，頑張れ」ってニコニコしながら子どもたちの行動を観ることで認めてあげているという意味があるからなのかなぁと思っていたんです。でも何となくそれがしっくりこなくて。娘たち，今3歳半くらいになるのですが「みててねみててね」ってしょっちゅう言ってきて，「みてるよ，みてるよ」って観てるのにそれでも「みてて」って何度も言ってくるんです。それでこの間，「何でママにみててって言うの？」って聞いたら，「だってママに遊んで欲しいから」という答えが返ってきたんです。私にとって「遊ぶ」行為というのは関わって遊ぶことだったので「観る」行為とは違ったのですが，娘たちにとっての「みてて」は遊んでもらっていることと一緒なんだなぁと思いました。乳幼児観察のときの赤ちゃんも，私に「遊んで遊んで」とは言ってこなくて，観ているだけで遊んでいたことを思い出して，遊ぶことって想像力をすごく使うことで，その想像力を支えてあげるために観る人がいることが大切なんだなぁと思ったんです。一緒にドキドキしたりワクワクしたり，怖い気持ちになったり，そういう何か想像力を使ったときに生じる子どもたちの気持ちに沿ってあげる。子どもって楽しく遊んでいける力があるから，観てあげて，気持ちに沿ってあげることで，安心するんだなぁって。それは先生がよくおっしゃる「関心をもって観る」ということで，ただ見ているだけじゃダメで。だから娘たちはただ見てるだ

けどと「みててみてて」ってしつこく言うんですよね。これは観察と子育てを両方体験したから，私は気付けたことだったと思います。

鈴木：なるほど，あなたが今話されたことはすごく重要なことだよね。うん。あなたは自分の子どもとの「みてみて」という関係と，観察者が観てるかどうかは赤ちゃんに大切であることを結びつけてくれましたね。それは乳幼児観察もして，母親として子育てをしたあなたの言葉だから説得力があります。もし，今のあなたが乳幼児観察をしたら，またはあの二人の子を抱えてるお母さんと同じような立場の人を観察したとしたら，あなたの態度は違うと思いますか？

鷹嘴：そうですね。態度はどうかわからないですけど，もっとお母さんの気持ちと一緒になって大変だなぁと思うことはできたかもしれません。

鈴木：でもあなたにとって，やっぱりお母さんの大変さへの共感っていうことですね。

鷹嘴：そうですね。でもお母さんが大変ってことは子どもも大変なんだろうと思います。

鈴木：う〜ん。本当にそうですね。ビック（Bick）が最初に乳幼児観察のことについて発表した論文の中で，観察者がとかく母親を批判することに注意が向いて，セミナーの中でもお母さんがこうすればいいのにという観点になりやすいと指摘しています。実際そうなりやすいのですが，観察を引きうけてくれている母親の気持ちを観察者は見落としてはならないし，大変な思いをしている母親は，鷹嘴さんの言う通り，大変な状態にある赤ちゃんの心を引きうけているということだと私も思います。でも，この二人を観察したあなたの経験としては，お母さんの大変さに対するサポートで，それによってお母さんが変われば赤ちゃんにプラスの影響が及ぶということですかね？

鷹嘴：それもあると思いますし，「みててね」のところじゃないですけど，お母さんは余裕がなくなってる，赤ちゃんのお世話だけやっていればいいのかもしれないですけど，日常の他のこと，家事等がたくさんあって，なかなか赤ちゃんの気持ちに沿うこと，関心をもって観る時間が実際あまりない。「お母さん」の時間だけでなく「私」に戻る時間も欲しいし，

とにかく時間がない。

鈴木：あなたもやっぱり双子で大変だった？　これは当たり前のことなんですけど，二人の子を見ていくって大変？

鷹嘴：大変です（笑）。日々の他の雑音が多すぎて，目の前の子どもたちがどんなこと考えているんだろうなぁとか，そういうのをじっくり一緒に寄り添ってあげる時間がこうもとれないものかと思います。子どもと向き合っていても頭の片隅に今日の夕飯どうしようとか，そういう雑音が入ってきてしまうので。多分，それがどうしてもお母さんっていうものなんでしょうね。お母さんができないところを補ってくれるという意味では，乳幼児観察の観察者という立場は子どもの成長の支えに少しはなっていたのかなとは思います。でも私は，どちらかというとお母さんに目が向きがちではありましたけど。

鈴木：あなたがみんなにフィードバックしてくれて，フィードバックって適した言葉だなぁと思いました。母子関係の中心って**フィーディング**，すなわち，おっぱいをあげる，食べ物を与えることであって，フィードバックってそれに対するお返しですよね。もっとも辞書によると，フィードバックという言葉の意味は食べ物とは無関係ですが。でも，この場合には本当にあなたがフィードバックですよね。あなたはグループでのフィードバックより先にお母さんへフィードバックしましたよね？　それはお母さんから求められたことなんですか？

鷹嘴：最初の段階で約束をしていて，観察終了になるときも落ち着いたら記録を持ってお家にうかがわせてくださいってことは話していました。随分時間がかかりましたけど。

鈴木：そうだろうねぇ。しかも一緒に読んだんですよね。あなたは苦労されました？　二人の子どもを抱えたお母さんの大変さとあなたの抱える大変さもどう表すかって。

鷹嘴：そうですね。私もお母さんに「お母さん，あの時代は大変でしたよね」，「お母さんしんどかったですよね」と言うのは，やっぱりネガティブなことなのでどうなのかなぁとは思ったんです。私も実際にお母さんをやっていて，いいお母さんに見られたいっていう気持ちもどこかにあ

るんです。だから「お母さん大変だったよね」って言われるのはお母さんからしたらどうなのかなぁと。ただ，私の場合は観察から時間が経っていたし，もう赤ちゃんが成長していたから，一つの思い出として聞いてもらえるかなぁと思ったんです。おっぱいやめるのに随分苦労したことなど，大変なことも随分盛り込んだんですが，お母さんの受け入れは拒否的ではなくて，「今もまだ大変なんですよ」って笑って言ってくださったんです。だからそんなにまとめるのに大変さは感じなかったです。

鈴木：それから観察のグループへのフィードバックまでさらに1年くらいかかっているけど，その1年間って何だったんだろう？

鷹嘴：そうですねぇ。1年もかかってましたっけ？（笑）

鈴木：ほぼ1年。

鷹嘴：そうですか。

鈴木：グループへのフィードバックは結構文書の量が多かったですね。こんなに多くはないですよね，母親へのフィードバックって。

鷹嘴：フィードバックの資料の方が多かったですね。お母さんの育児日記みたいな感じで，結構な量をお渡しして，かいつまんで読み合わせをしていきました。自分の記録から抜粋したところもあったりしたので，量的には多かったんです。私，子育てをしながら子育ての記録が全然書けていなかったので，自分だったらこういうのが欲しいなっていう視点も入っていたと思います。

鈴木：あぁそうか，なるほどね。

鷹嘴：グループで発表するのは少し頭をシフトしないといけなかったんです。お母さんに渡す記録の方は，自分だったらお母さんとしてどういう記録が欲しいかということを，同じ子育てしている自分と重ね合わせてお返ししたので，どれぐらいのときに立ちましたねとか，そういうことも盛り込みました。

鈴木：それはじゃあ，あなたは最初に母親としてもちろん機能はしているけれど，こころが母親であることについていってないような感じのことを言っていましたね。母親のアイデンティティのことだと思うんだけど。フィードバック自体がその一つのプロセス，自分が母親だったらこうい

うのが欲しいというものを提供した。言ってみれば，自分の子育て日記の一つのバージョンとして観察の子育て日記をプレゼントした。それを通して自分の子育てを振り返るっていうことをしてきたんですね。もっと聞きたい気持ちはあるんだけど，時間がもうないですね。最大限2時間ということなので，最後に一言，鷹嘴さんどうぞ。

鷹嘴：今回，自分の記録と最後のまとめのときにグループの先生からいただいたコメントを読み返して，私が観ていた赤ちゃんのお母さんが私がフィードバックをしたときに「そうそう」とできていない自分や大変だったときもあったっていうのを認められていて，それをどなたか観察グループの先生が，「お母さんがみきれていないことを自分で認められたことって大きいんだろうなぁ」とコメントして下さっていたのがとても印象的でした。私も，自分の娘たちにできていないことがいっぱいあって，双子じゃなくても同じかもしれませんが，できている自分とできていない自分両方を認められると結構楽になるなぁと思いました。これがお母さんになるということなのかもしれません。それから，乳幼児観察をやっていたとき，お母さんが「こんなことができるようになりました」とかすごくたくさん報告してくださって，今，私それを娘たちの保育園の先生にしているんです。それで保育園の先生がたに「それは大変でしたね」とか「すごいですね！」とか共感してもらい，話を聞いてもらうことで，おそらくお母さんって救われるし，一緒に子どもの成長を喜んでくれる，見守ってくれる伴走者がいるということがすごく支えになる。「こうすればいいですよ」という助言がいつもいつも欲しいわけじゃない。自分がお母さんになって，お母さんって孤独なんだなっていうことをすごく感じていて，だから誰かに何かをして欲しいというわけではなく，気持ちに伴走してくれる人がいるってだけで子育ては随分楽になるんだなぁと実感しているんです。今回いろいろ考える機会をいただけて，私もいろいろ考えることができました。

鈴木：本当にそうだね。大体乳幼児観察って一週間のうちの一時間であって，そのときはできる限り観察して理解しようとするけれども，残りの6日間と23時間は知らないんですよね。見ていないのに，よく観察し

てる気になるのは恐ろしい錯覚ですよね。今日は鷹嘴さんからお話をきけて本当によかった。

鷹嘴：ありがとうございました。

鈴木：最後に，上田先生。

上田：最後に（笑），場外ってことで。先生がたのお話を聞いて非常にいろいろなことを考えました。まずは龍先生の方で言うと，龍先生が乳幼児観察を導入されて結構長い間，母子関係に影響を与えるのではないだろうかという先ほどの話がありましたよね。そういったアンビバレンツが結構強くあったんだなとあらためて私の中で実感しました。体験もされてきて，これもいいものだって確信がありながらも，やっぱりそのアンビバレンツを抱えながらやってらっしゃった。しかもかなり10年，15年ぐらい経ってまでそう思われてたっていう，逆算するとそういうことなんだなって。

鈴木：95年からですからね。

上田：ですよね。そこをやっぱりもってるというか保持している，逆に言うとそこの意味っていうのがあるんだろうなぁというのを感じました。鷹嘴先生の話を聞きながら僕が思ったのは，僕は，母親とは何なのだろうという気持があって観察していたということが今日初めて明確になりました。お母さんに同一化しているという話では，「あ，自分はそうでもなかった」と思ったり，前からそうは思っていたんですけど，何かギャップがありました。黙って聞いていたからなおさら自分が内省できたんだと思います。自分の母親や，親ってどうなんだろうって知りたいなっていう気持ちがあったなということを鷹嘴先生の話を聞きながらひしひしと感じました。また，お母さんの大変さというものを外側から見ている自分がいて，「自分って，親ってどうなんだろう」って未だ知りえないことを知りたいなという欲望はあったなということが少し明確になりました。

鷹嘴：ありがとうございました。

上田：楽しかったです。ありがとうございました。

コラム①

対談を終えて

　対談を終え，赤ちゃん観察をし，そのまとめをすることを通して，私は「母親になる」というプロセスを踏んでいたことにあらためて気づかされました。それと同時に，赤ちゃんを見るための観察ですが，母親への同一化が強い自分を発見し，子どもの支援をしたくて幼稚園の教員から心理の世界に飛び込んだはずが，偶然というか必然というかの赤ちゃん観察，双子妊娠，出産，子育てを経て，私は今少しずつ母親支援，特に母親になることへの支援に気持ちが向き始めていることにも気づかされました。赤ちゃん観察が，赤ちゃんの良い観察者になるだけでなく自身のよりよい観察者になるためのトレーニングでもあるように，母親になること，心理士になること，その両方の道標を観察の中で得ていたということに，今回の対談で今更ながらに気づかされ，ものすごい体験をさせていただいたのだと感じる気持ちを，今，とても強くもっています。

　赤ちゃん観察の約2年間は，無我夢中の2年間でした。観察がスタートしたばかりのときは，赤ちゃんが成長していく過程をじっくり観させていただくことは喜びに満ちていることばかりに違いない，と思っていたように思います。それはまさに，幼稚園で働く中で子どもたちの成長を楽しみに子どもたちと関わる「幼稚園の先生」としての私がいたのだと思います。しかし，実際に赤ちゃん観察を始めてみると，赤ちゃんの世界は喜びばかりではなく，時には居てもたってもいられないような強力な力が働いており，その何とも言えない圧倒されるような思いを私は観察記録にぶつけ，グループの先生がたにディスカッションを通して抱えてもらっていました。今，そのことを振り返ると，私にとって赤ちゃん観察は子育ての疑似体験でもあり，今後，心理士として子どもや母親を支援する立場としての意味を考えさせられる体験でもありました。

　今回，このような貴重な対談の機会をいただき，多くの気づきを与えて

くださった鈴木先生と上田先生にこの場をお借りして御礼申し上げます。そして，赤ちゃん観察を快く引き受けてくださったお母様，赤ちゃん，観察のまとめまで長い時間がかかったにもかかわらず待っていてくださり，考えを深めてくださったグループの先生がたにも御礼を申し上げます。また，奇跡の連続でこの世に誕生した双子の娘たちにより，多くのことを体験を通して考えさせられ，赤ちゃん観察の経験に多くの実がついたことにも心から感謝します。

第6章
周産期心理学にいかす赤ちゃん観察
家族ときょうだいの力を中心に

I　周産期と心理臨床

　周産期とは妊娠22週から出生後7日未満の出産前後の期間と定義されています。私は周産期施設，つまり病院の新生児集中治療室（NICU）や産科での心理臨床を主な仕事にしています。NICUは早産や低出生体重の赤ちゃん，生まれつきの病気がある赤ちゃん，お産のトラブルなどで医療的な手助けが必要な赤ちゃんたちが入院する場所です。救命が最優先される高度医療の場で，ほんの少し昔は親さえも面会時間が限られていました。この厳しい医療の現場に臨床心理士が足を踏み入れたのが20年ほど前でした。現在は全国で180人ほどの臨床心理士が周産期の場で活動しています。といっても，まだまだ周知されているとは言いがたく，臨床心理士の仲間からでさえ「産後の母親の精神面のアセスメントやカウンセリングをするのですか？」と聞かれることがよくあります。もちろんそのような仕事もありますが，周産期の心理臨床の特徴は，面接室だけでなく，病棟全体を心理臨床の場として，赤ちゃんに会うことを大切にしながら，教育でも指導でもなく，赤ちゃんと家族に寄り添いそこにいることを仕事とすることです。

　現在，日本は世界一赤ちゃんが亡くならない国になりました。日本の新生児死亡率は千人に一人の割合です。お産は医療機関で行われることが多くなり，「お産は病気ではない」「元気に産んであたりまえ」といった風潮があります。一昔前，お産は命がけであることを誰もが覚悟していましたが，今はコミュニティの中で年長の女性のお産にふれてから自分のお産を経験することはほとんどなくなりました。お産は生の喜びと一緒にさまざまな困難や時として死にさえ結びつくこともあるという影の部分は見聞きすることが少なく，そのため，突然の妊娠中の危機やお産のトラブル，思い描いた出産ができなかったことは家族にとって大きな痛手となります。それに加えて，治療が必要な赤ちゃんはすぐに家族から離されて保育器に収容され，一定期間は抱っこやおっぱいなど，赤ちゃんと家族がするはずの経験から切り離されてしまいます。このことから，お産が喪失体験のよ

うになってしまったり，産んだ実感がもてなかったり，お母さんが自分を責めてしまって赤ちゃんとの関係がうまく築けないことがあるのです。

　こんなとき，従来の臨床心理学的アプローチでは，親の傷つきをカウンセリングで癒し，エンパワメントして子どもに向かうことができるように支えるということになると思います。しかし，周産期心理臨床で，最も力強く働くのは，赤ちゃんの存在です。小さく弱々しく見える赤ちゃんですが，内に秘められたエネルギーは大きく，全身でこちらにうったえてくるものがあります。その赤ちゃんの存在に家族が目を向けられるまでゆっくり寄り添い，赤ちゃんの成長とともに再構築されていく家族のこころに寄り添うことが求められます。周産期は親子が初めて出会うときであり，五感のすべてを通して，響き合い関係性を築いていく大切な時期です。橋本（2011）は，NICUには「生命の視点」と「いのちの視点」が同時に存在していると言っています。「生命の視点」はエビデンスに基づく科学的な視点で，人間を客観的，科学的にとらえ数値やデータで表せる，たとえば医療における診断という分類，生存率などの数値，医学が科学として成り立ち進歩するために欠かせないものです。一方，「いのちの視点」はそれぞれの赤ちゃんと家族がもつ物語の視点で相互交流的，相互関与的で数値的に割り切ることは不可能です。待ちに待ってやっと授かったときの喜び，妊娠中の厳しい経過を幾度も乗り越える中で感じてきた絆，そして何よりも目の前にいる温かく柔らかい，微かながらも体を動かし生きることに全身全霊で向かっている「わたしの赤ちゃん」という「いのち」そのものへの視点が動き出すとき，親子の物語は紡がれ始めるのです。このように，周産期の心理臨床は赤ちゃんにこころを寄せていくことが必須の心理臨床活動と言えるかもしれません。

　私が赤ちゃん観察を始めようと思ったきっかけは，毎日のように仕事で接している赤ちゃんを，より深く理解したいという気持ちが強かったからです。特に家庭での赤ちゃんと家族との関わり，赤ちゃんがどのように家族のことを感じて，そこからエネルギーを得ていくのかといったことを実際にこの目で見て感じたいと思いました。NICUといった厳しい状況の中でも赤ちゃんとご家族は，早期の母子分離や苦しい治療にもかかわらず，

ゆっくりと着実に親子関係を育てていきます。しかし、病棟という場は、親子にとってはアウェーであることは疑いようもありません。家庭の中で育つ赤ちゃんとその家族の関係性の育ちを見せていただくことで、NICUの赤ちゃんにもっと良い環境を整えてあげられるかもしれない、赤ちゃんの力を再確認して、もっと赤ちゃんの力を生かした関わりができるかもしれない。そんな思いがありました。

II　NICUでの親子の関係性の発達

　それでは、まず、NICUでの親子の関係性の発達について紹介していきたいと思います。橋本（2011）はNICUの親子を丁寧に観察して「低出生体重児と親における関係性の発達モデル」をまとめています。

　ステージ0は目の前の赤ちゃんが自分と連続性をもった我が子という実感がもてない時期です。早産で生まれてすぐに引き離されて保育器にいる我が子に出会ったときに、出会ってすぐに声をかけ触れることができる場合もあるのですが、青ざめた顔で保育器に近づくこともできずに身を固くしている親もいます。産科のベッドサイドに伺うと、「おなかにいないので産んだのはわかるけれど、あの子が私の赤ちゃんなんでしょうか」と赤ちゃんとの連続性を断ち切られたような、現実を受け止めきれない気持ちを話してくださることが多いです。

　ステージ1は赤ちゃんが生きている存在であることに気づく時期です。赤ちゃんがわずかに手を動かしたりするのを見て「生きている」「頑張っている」と感じますが、促されてやっと触れることができる段階です。この時期のことを退院後に振り返って「赤ちゃんは頑張ってるけれど、ごめんねという気持ちがこみあげてきて、直視できなかった」と話してくださる家族もあります。

　ステージ2はただ生きているだけではなく反応しうる存在であると気づく時期です。面会でそっと名前を呼ぶと赤ちゃんが目を開けてくれたり、触れると少し動いてくれたりします。呼びかけたりこわごわ触れたりという交流が始まります。

ステージ 3 では赤ちゃんの反応に意味を読み取るようになります。赤ちゃんの容体はずいぶんと安定し，発達して眼球運動や自発的微笑など満期で生まれた赤ちゃんにも見られる反応が出てきます。「わかって見つめてくれる」という肯定的な読み取りもあれば「撫でると顔をしかめる」など否定的な読み取りもありますが，赤ちゃんの気持ちを読みとって，親も反応を返す交互作用が活発になってきます。

　ステージ 4 では赤ちゃんは母乳を飲むことができるようになり，親子の交流もより活発となり泣いている赤ちゃんをお世話したり抱いて慰めたり，見つめ合ったりできるようになります。

　ステージ 5 ではより互恵的な，遊びの要素もある関わりが生まれ，社会的微笑の出現で赤ちゃんは親にあやしてもらったり声をかけてもらうことに対して笑うことができるようになり，親も赤ちゃんのおしゃべり（グーイング）にあわせて声をかけ，いわゆる「マザリーズ」と言われる高いピッチの語りかけでコミュニケーションをとることができるようになります。このように，はじめは滞っていた親子の関係も，赤ちゃんの成長と発達に支えられるようにして構築されていくのです。どの親もステージ 0 からスタートするわけではなく，小さな我が子に対面してすぐに触れ，声をかける親もいれば，ゆっくりとステージを進む人，赤ちゃんの具合が悪くなった際に一気にステージを後戻りしてしまうこともあります。親だけの問題ではなく，赤ちゃんの様子によってステージを揺れ動きながら，やがて相互に交流ができる親子関係が構築されるのです。

III　満期産で生まれた赤ちゃん

　満期産で生まれた赤ちゃんと親は低出生体重の親子関係性の発達とは違うのでしょうか。出産後自分のおなかの中にいた赤ちゃんが自分とは別の生命体となって目の前にいることがうまく消化できない体験を語ってくれる満期産のお母さんに出会うことはそう珍しいことではありません。おなかの中にいた赤ちゃんが生まれて母親から離れるということは身体的にも心理的にも大きな出来事なのです。現代，女性は生涯の中でそれほどたく

さんのお産を経験するわけではありません。巷にはお産の情報が溢れています。妊娠出産に理想を求め夢をもっていることはとても幸せなことだと思います。しかし，思ったよりずっと苦しいつわりを経験して赤ちゃんの存在を否定したくなったり，思いもかけないことが起こって産みたかった施設で出産できなかったり，どうしても自然に産みたかったのに帝王切開になってしまったり，お産のときに医療スタッフに叱られているように感じて委縮してしまったりといった，予想しなかった事態で，自信を無くしてしまったり，赤ちゃんにうまく関われなくなってしまうこともあるのです。満期産の場合は，通常赤ちゃんは低出生体重児よりは，たくましく反応も豊かで，親からケアを引き出すパワーもあります。なので，あせらず，ゆっくり親の気持ちが緩んでくるのを待つことで赤ちゃんに関わり，赤ちゃんとのつながりを取り戻していくことができます。また，周産期は，無意識の中にあって普段は忘れてしまっている自分の赤ちゃん時代の体験がよみがえってくる時期でもあります。育児不安に陥った親の心理療法では，親自身の生まれたときのことや育ってきた中で感じてきたことが話題になることもよくあります。親になることは，自分の中の未消化な愛情欲求や愛着の問題を再び体験して消化する期間なのかもしれません。親が抱えている不安が，目の前の赤ちゃんに対するものなのか，自分の中から幽霊のように立ち上がってくる親自身の中の不安なのかをゆっくり整理していくことも時には必要になります。

Ⅳ　産後うつについて

　最近は産後のお母さんのメンタルヘルスへの関心も高まってきました。産後の保健師さんの訪問で「産後うつ尺度」や「赤ちゃんへの気持ち質問票」を記入した経験のあるかたも多いかもしれません。
　産後は急激なホルモンの変化や，身体的な負担から過敏で涙もろくなることがあります。お産の後，ベッドサイドでお話すると「涙が止まらない，私頭がおかしくなっちゃったんですか？」と相談されることもありますが，すぐに回復することがほとんどです。しかし，時には治療が必要な

ほどのうつ状態に陥ってしまうこともあります。我が国の子育ては，まだまだ，お母さんが一人で担わざるをえないことが多いです。吉田（2000）は出産後里帰り期間が終わってお母さんが一人で育児を始める時期の産後うつ病や育児不安の出現について言及しています。お母さんが一人でつらい状態を我慢し続けて身も心も疲弊してしまったり，子育てに不安が生じたりしないようにとの配慮でさまざまな質問紙が用いられるのです。注意しなければいけないのは，質問紙で高得点だったことで即病気というわけではないということです。各種の質問紙やメンタルヘルスの尺度は支援の一歩としては有効です。目の前のご家族は精神的支援が必要な状態なのか正常なこころの反応の範囲で気持ちが揺れているのかをみきわめ，その後の支援をコーディネートしていくためには，質問紙で得られた結果からさらに踏み込んで丁寧な関与と同時に客観的に観察していくことが大切であると思います。最近は地域の支援機関と連携をして赤ちゃんと家族を支える体制は整備されてきています。

　赤ちゃん観察は，産後すぐから始まるので，赤ちゃんとお母さんやご家族の揺れる気持ちも一緒に体験することになります。赤ちゃんのご機嫌が悪く夜ほとんど眠れないことが続くと，家族も疲弊して落ち込んだムードになったりピリピリしたりしがちです。赤ちゃんが穏やかで生活リズムが安定していると，家族もゆったりと過ごすことができます。このような日々の育児の流動的な問題に対しては，定期的に関わる専門家はもっと具体的に家族が置かれている状況や，最近の困りごと，家族の健康度や，赤ちゃんの育ちなど多面的立体的に注意を向けることが大切です。赤ちゃん観察では，定期健診や家庭訪問といった専門職としての「点」での関わりではなかなか見えてこなかった，赤ちゃんと家族のダイナミックなこころの動きを感じることができました。2年間の観察で赤ちゃんと家族の関わりに対する見方が「点」から「線」になり，「面」になってつながり広がっていく体験ができました。産後うつのチェックリストの点数だけでなく，チェックが付いた項目の背景に目を向ける能力を鍛えるという点でも，赤ちゃん観察は専門家にとって，とても役に立つ方法だと実感しました。

V 親子の関係性とそれを受け止める器としての環境

　親子の関係性の発達には，それを取り巻く器としての環境も影響があるのではないかと私は感じています。満期産で家に帰ると，家族や祖父母などが赤ちゃんとお母さんを支える器としての役割を果たすことが多いと思います。

　しかし，病棟は家族にとってはアウェーです。一定期間病院で過ごした赤ちゃんと家族は，家庭という本来の場所に帰っていくときに，楽しみでありつつも不安を感じることも多いのです。私の勤務する病院では，条件が合えば退院前に外泊を経験してみることもできます。初めての外泊では一睡もできないほど緊張して過ごされる家族も，外泊を重ねるとペースがつかめてくるようです。外泊から帰ってきた赤ちゃんの成長ぶりはめざましく，表情が豊かになり，ベッドにいるのが嫌で抱っこを求めて泣いたり，特別にかわいらしく笑うようになったりします。赤ちゃんの表情が変わってくることを実感して家族もスタッフ一同も，お家に帰ることのパワーを実感します。救命のために仕方がないとはいえ，病院という場は赤ちゃんのこころを育てるにはあまり適していないのかもしれません。このため，NICUではファミリーセンタードケアが導入され，できるだけ家族が育児の主人公になれるように，早期からさまざまなケアに参加してもらったり，親が読み取った赤ちゃんのサインに従ってお風呂やおっぱいなどのケアプランを立てるようにしています。家族が来やすい，長時間過ごしてもストレスが少ない環境を目指していますが，やはり家庭と同じというわけにはいきません。このことが，親子の関係や赤ちゃんの発達に影響があるのか，赤ちゃん観察を通しての経験や感じたこと，日々の周産期臨床の中でのことを比較して考えてみたいと思います。

VI 私の赤ちゃん観察体験から

　私の赤ちゃん観察の仲間は6人でした。中には私のように仕事でも乳幼

児に関わっている人もいました。観察に先立って不安に思うことをグループ内で出しあったとき，第三者が家庭内に入ることで，その家庭に影響が出ないかと案じているメンバーがいました。私は仕事で家庭訪問をすることもあり，どこか家庭内に入ることへの抵抗が薄くなっていることに気づき，気持ちを新たに取りくむきっかけをもらいました。観察してきた赤ちゃんと家族の状況をグループで話し合うことで異なる価値観に触れ，考えが深まったり独善が修正されたりするという体験が何度もありました。観察に協力してくださる赤ちゃんを探す際，私たちのグループのリーダー鈴木龍氏は，家族という存在の重要性を大切にされるかたでした。家族への説明と同意を得ることには心を尽くしました。たとえ観察場面でご一緒する可能性がないとしても，赤ちゃんのお父さんには必ず説明して同意をもらうようにということで，お父様の在宅時間にご挨拶に伺うことから観察は始まりました。協力的な家庭と巡り会うことができ，私はおなかの中から赤ちゃんに会うことができました。

　観察に協力してくれたのは，上にもお子さんがいるご家族で，お母さん自身が観察に興味をもってくださいました。とはいえ，出産から2歳までのあの大変な時期に，他人である観察者を迎え入れてくださったご家族の心の広さを想うと今でも感謝の気持ちでいっぱいになります。このご家庭にほぼ毎週通って，私は赤ちゃんを二歳まで観察しました。この赤ちゃんをユウちゃん（仮名）とします。

　これと並行して，低出生体重で生まれたカイちゃん（仮名）の様子も追ってみようと思います。カイちゃんも上にお子さんがいる家庭の赤ちゃんでした。カイちゃんは妊娠20週半ばで生まれ，出生体重は1000グラムに満たない超低出生体重児でした。赤ちゃんは出生体重2500グラム未満〜1500グラムまでを低出生体重児，1500グラム未満〜1000グラムまでを極低出生体重児，1000グラム未満を超低出生体重児と定義しており，週数が早く，体重が小さいほど治療は大変になります。カイちゃんは生まれてすぐに保育器に入り，呼吸を助けるために挿管され，いくつもの点滴がされていました。

1．赤ちゃんとの出会いと家族の関係性の発達

　親が生まれた赤ちゃんに出会ったばかりの頃について考えてみます。お母さんは妊娠に気がついた時点から心理的に赤ちゃんに出会っています。赤ちゃんがおなかの中にいる時期は，あれこれ想像を膨らませる時期です。実際には完全に親の想像通りの赤ちゃんが生まれてくることはないのですが，出産した赤ちゃんと出会うことで，想像の赤ちゃん像を修正して現実の赤ちゃんに向き合っていくのです。ユウちゃんとカイちゃんの出会いのときをみてみましょう。

＊赤ちゃん観察のユウちゃん：産院にて生後5日目
　ユウちゃんはおかあさんのベッドの隣に置かれた新生児コットに眠っていました。おかあさんはユウちゃんにそっと顔を近づけ「上の子と同じ匂いがする」と言いました。お産のとき，ユウちゃんは大声で泣き，怒った顔をしているように見えたそうで，お母さんは「きっとまだ生まれたくなかったんですよ」と笑いながら報告してくれて，ゆっくりと指や頭を撫ぜていました。

＊入院中のカイちゃん：生後2日目・出産予定日の3カ月以上前
　カイちゃんはNICUの保育器の中で呼吸器や点滴がたくさんつながれています。スナグル（子宮にいるときに近い姿勢を保てるように作られた赤ちゃんを囲む機材）にくるまれていてお顔がほんの少し見えます。お母さんは，青ざめた顔で保育器から離れたところに座っていました。看護師が「触れてあげますか？」と促すと，「今はいいです」と答えました。「私が触ると悪いことが起こるような気がして……」と目を伏せながらつぶやきました。

　対照的な親子の出会いです。ユウちゃんのお母さんは，匂いを通して目の前の子がまぎれもなく自分や上のお子さんとつながる存在として感じています。ユウちゃんが生まれるとき怒っているように見えネガティブな気持ちだったのかもしれないということも自然に受け入れ，誰から勧められるでもなく赤ちゃんに触れ，やさしく撫でながら働きかけています。

一方カイちゃんはお母さんがすぐには触れられない保育器の中にいます。カイちゃんのお母さんは早産になってしまったことにひどく傷ついていて自分を責めています。自分が原因でこのような事態になってしまったのだから自分が赤ちゃんに関わったらさらに悪いことが起こってしまいそうな気がして，すっかり自信を無くして赤ちゃんに触れることもできません。カイちゃん自身も小さく弱々しく見え，触れると壊れてしまいそうで，カイちゃんのお母さんの不安も，うなずける部分があります。赤ちゃんと家族の出会いの時点では満期産のユウちゃんと早産のカイちゃんに大きな差があるように思われるでしょう。

　しかし，ここで一つ考える必要があるのは，カイちゃんが出産予定日までまだ3カ月以上もあるということです。親の赤ちゃんへの接し方や反応は，実は赤ちゃんによって引き出されているものが多いのです。まだ未熟で泣き声もうまく上げられないカイちゃんと，満期産で生きるエネルギーに満ちたユウちゃんでは親から引き出せるちからも違うのです。カイちゃんも予定日近くになると，かなりしっかりしてきて，それに伴ってお母さんのカイちゃんへの接し方も変わってきます。予定日近くに成長したカイちゃんとお母さんのふれあいの様子を見てみましょう。

＊入院中のカイちゃん：生後約3カ月経過・ほぼ出産予定日

　カイちゃんは集中治療の時期を経て，GCU（NICUを卒業した赤ちゃんの継続治療と発達支援の病棟）に移りました。赤ちゃん用のコットに寝ています。点滴はもうありません。夜だけは呼吸補助のマスクを使っていて，心拍や酸素のモニターはついていますが自由に抱っこできます。お母さんは上のお子さんが幼稚園に行っている時間に面会に来て，カイちゃんのお世話をてきぱきとこなしています。カイちゃんを抱いて木浴室までサッサッサッと歩いていくお母さんはもう出会いのときの赤ちゃんに触れないお母さんではありません。カイちゃんはおっぱいを上手に飲めるようになって授乳後のお母さんとカイちゃんの顔は幸せムードいっぱいです。おっぱいが終わってもカイちゃんはぱっちり目を開けています。「あらあ，おねんねしないの？」お母さんは高い声のトーンでカイちゃんに話しかけます。私が傍に座るとおかあさんはカイちゃんの気が

強いこと，お世話が気に入らないとすごい声をあげることを話してくれながら「NICU では，この子が大きくなるなんて信じられなかったんです。ほかの子が大きくなってもこの子だけは育たないと思いこんでしまって，おかしいですね」と笑いました。

　カイちゃんのお母さんは，先に挙げた橋本の関係性の発達に照らし合わせるとステージ 0 からスタートしましたがほぼ出産予定日にはステージ 5 に達しています。カイちゃんが怒りの感情をあらわにしてもお母さんは笑って受け入れることができています。この 3 カ月間にカイちゃんの容態が悪いとカイちゃんに触れなくなり，回復すると関われるようになるということを繰り返しながら，カイちゃんの成長に伴って上のお子さんで培った育児のちからが引き出されてきました。私は，ひたすら面会のときにお母さんと一緒にカイちゃんに会うことに徹していて，お母さんの問わず語りのつぶやきの聴き役としてそこにいました。ときどき「子どもの前では話したくないこと」として別室でお話を聴くこともあり，最初は妊娠への後悔や赤ちゃんを否定するような気持ち，逃げ出したいほどの不安を話してくださいましたが，カイちゃんが保育器を卒業してコットに移ることができたり，おっぱいを飲めるようになったりする時期から，個室のお話はなくなってきました。このように，多くの親は，赤ちゃんの成長や力強さに後押しされるようにだんだんと傷つきを癒し，わが子に積極的に関われるように変わってきます。親と子どもがゆっくりと育ち合う場が NICU なのです。

2．赤ちゃんは家族をどうとらえるのか
　わたしが赤ちゃん観察の中で最も驚いたのは，赤ちゃんがかなり早くから家族とそうでない人を区別している様子がみられたことです。赤ちゃんが親以外の人を見て不安を表す人見知りは「8 カ月不安」とも言われ，それまで毎日のように親が関わることと，赤ちゃん自身の認識能力が発達することでようやく出現するものだと言われています。しかしユウちゃんはかなり早くから家族とそうでない人への眼差しが違っていたのです。生後

2カ月相当の時期でのユウちゃんとカイちゃんの様子を比べてみたいと思います。

＊入院中のカイちゃん：入院5カ月・出産予定日から約2カ月
　カイちゃんは，呼吸補助のマスクもほとんど卒業して，酸素のモニターがついているだけになりました。面会中のお母さんと看護師さんが楽しそうに話しています。お母さんが「カイちゃん笑うようになったんですよ！」と嬉しそうに報告してくれました。私がカイちゃんの顔を覗き込むとカイちゃんはにっこりと笑います。ほかの看護師さんも通りすがりにカイちゃんのベッドによって声をかけていきます。するとカイちゃんはやっぱり，お花が咲くようなかわいらしい笑顔を見せてくれるのです。

＊赤ちゃん観察のユウちゃん：生後2カ月
　ユウちゃんは寝ていることが多かったのですがこの日は起きていました。お母さんは洗濯物を干しに行き，部屋には私とユウちゃんだけになりました。お母さんが部屋からいなくなると，ユウちゃんは新奇なものを見るような目で私を見ました。私がユウちゃんの視界からわざと外れて，再度視界に入るとやはり新奇なものを見るようにしげしげと私を見て，それから視線を外して泣き声を上げます。「コノヒト，オカアサンジャナイ」と言っているようでした。お母さんもユウちゃんの視線に気づいて「ユウは，観察のときいつも寝ているから初めてみたいな顔してる」と興味深げに言いました。病棟の赤ちゃんは2カ月でこんなに家族とそれ以外の人を区別しないなあと思いました。2カ月一緒に暮らすと，もう赤ちゃんには家族とそれ以外の人がわかるような行動でした。

　赤ちゃんは新生児期には寝入りばななどに生理的微笑がみられます。これだけでもとてもかわいらしいのですが，こちらからの働きかけに対して笑ってくれたときは，また格別に嬉しい気持ちになります。NICUに入院している赤ちゃんは，出産予定日前後には退院できることが多いのですが，中にはカイちゃんのように少し入院が長引いてしまう赤ちゃんもいます。そんな赤ちゃんでも，出産予定日から2～3カ月になると，あやしか

けに笑う社会的微笑がみられるようになり，ご家族も病棟のスタッフも笑顔を見るのが楽しみになります。ユウちゃんの観察を体験するまで，私は生後2カ月の赤ちゃんはカイちゃんのように誰にでも区別なく笑うのだと思っていました。赤ちゃん観察のユウちゃんは情緒の安定した，穏やかな赤ちゃんで，お母さんが一緒にいるときは，柔らかな表情でお母さんにも私にも笑いかけていました。しかし，お母さんがいなくなると，表情が一転します。

　赤ちゃんの顔認識については，生後4日から輪郭でお母さんの顔を認識できるとする実験（Walton, Bower, & Bower, 1992）がありますが，視力の発達や認知の発達も考えると顔の区別ができるのは4カ月頃からと言われています。しかし知覚や認知を超えたつながりが赤ちゃんと家族には芽生えているのを見たような体験でした。トレバーセン（Trevarthen, 1979）は生後5～6週からみられる赤ちゃんが敏感に相手の気持ちや自分に関心を向けているかを察知して相手との一体感を感じる様子を第一次間主観性と呼んでいます。また，ラベリとフォーゲル（Lavelli & Fogel, 2005）は生後2カ月頃から赤ちゃんとお母さんのコミュニケーションの質が変化してお母さんに眼差しを向けたりじっと見たりすることが増えると述べています。赤ちゃんが養育者とそうでない人を見分ける力は，もしかしたらかなり早くから育ってきているのかもしれません。

3．きょうだいとの関わり

　私の勤務するNICUは，原則，幼児と小児は面会に入室できないので，ほとんどのきょうだいは赤ちゃんに会うことができません。家族という視点で考えると会わせてあげたいのですが，一方でNICUは医療の場で，感染症対策としてきょうだいの面会を自由にすることになかなか踏み切れません。きょうだいは，赤ちゃんが生まれたのに会うことができず入院が続く限りは赤ちゃんもきょうだいに会うことができません。

　満期産の場合は産後お母さんと一緒に赤ちゃんが退院してくるので幼いきょうだいは，過剰にお利口に振る舞ったり，猛烈に嫉妬したり，赤ちゃん返りして親の愛情を得ようとしたり，隠れてこっそり意地悪をしたりそ

れは多彩な反応を示します。赤ちゃんが家族の一員になるための洗礼のようなものであると思います。赤ちゃん観察のユウちゃんと、入院していたカイちゃんの様子から、赤ちゃんがどのようにきょうだいを感じていくのかを見ていきたいと思います。

＊赤ちゃん観察のユウちゃん：生後4カ月

　ユウちゃんは抱っこされていてお母さんの服を握ったり離したりして遊んでいます。お母さんは、赤ちゃんが握って遊べるおもちゃを握らせユウちゃんを布団におろしました。ユウちゃんはおもちゃを左手に握って右手を吸っています。ふいにお姉ちゃんがおもちゃを取り上げます。お母さんにたしなめられてユウちゃんに返しますが、ユウちゃんはもうおもちゃへの関心を失っています。お姉ちゃんはユウちゃんの隣に座って、またおもちゃをユウちゃんから取り上げて私に見せます。ユウちゃんはお姉ちゃんの服の裾を握ったり離したりしています。おもちゃよりお姉ちゃんに触っていたいようでした。

＊入院していたカイちゃん：出産予定日から4カ月

　カイちゃんはおうちに帰って1カ月目の健診です。今日はお姉ちゃんが一緒です。カイちゃんを抱っこして待合にいるお母さんに声をかけました。お姉ちゃんはカイちゃんが退院後は興味津々だったけれど、この頃「いつ病院に返すの?」と聞くそうです。それを聞いていたお姉ちゃんはバツが悪そうに「返さない……」とつぶやいて、カイちゃんの顔に自分のほっぺを強くくっつけます。カイちゃんはちょっと表情が変わりますが、泣くでもなくまた普段の表情に戻ります。こんなことは毎日何回もあって、カイちゃんはこんなお姉ちゃんの愛情表現に慣れてきたように見えます。

　家族の中に新しいメンバーが加わることは、幼いきょうだいにとっても大きな変化です。きょうだいは泣いたりだだをこねたり赤ちゃん返りをしたりして親をてこずらせることがあります。まだ抵抗できない赤ちゃんに、理不尽なことを仕掛けたりもするので、目が離せません。しかしその中でも、赤ちゃんはきょうだいからのポジティブな感情をきちんと受け止

めているようで，親と同じようにいつもいる人，自分に関心を向ける人として絆のようなものが作られていくようです。やがて，赤ちゃんが成長して，一人で移動できるようになり，より活発なやりとりができるようになると，きょうだいの交流はよりアクティブでダイナミックになってきます。歩くことができるようになった時期のユウちゃんとカイちゃんの様子を比べてみます。

＊赤ちゃん観察のユウちゃん：生後1歳5カ月

　ユウちゃんはおもちゃのベビーカーにお人形を乗せてぐるぐる歩いています。私の方にやってきてお人形を指さし，何かを要求します。ベルトで固定されたお人形をとって欲しいようです。とってあげると，今度はバスタオルを持ってきてお人形を寝かします。ユウちゃんが象徴遊びができることに驚きをもってみていると，不意にお姉ちゃんが，その人形を取り上げます。ユウちゃんは「あー！あー！」と抗議の声をあげますが，お姉ちゃんにはかないません。見かねたお母さんがお人形をお姉ちゃんから取り上げてユウちゃんに返し，お姉ちゃんを隣の部屋に連れていって，言い聞かせようとします。お姉ちゃんは泣き，聞き入れるどころではない様子です。ユウちゃんはふたたび手に入った人形を今度はバスタオルでおくるみしようとしてうまくいかず，わたしにやって欲しいと声をあげながら身振りで訴えます。お姉ちゃんが叱られているのをユウちゃんはどんなふうに感じているのかなと思いながらみていると，おくるみした人形を抱っこして，お姉ちゃんのいるところにまっしぐらに歩いていきました。お姉ちゃんがみえると，人形を投げだして，お布団にダイブしていきます。これはきょうだいお気に入りの遊びだったようで，お姉ちゃんも応じて二人で声をあげながら布団の上を転がりまわって遊び始めました。お人形をめぐってのトラブルであること，お姉ちゃんが悲しい気持ちでいることが，ユウちゃんにはなんとなく感じられているようです。お姉ちゃんを一人にしておけないと感じているようなユウちゃんの行動に私は感動をおぼえたのでした。

＊NICU卒業生カイちゃん：出産予定日から1歳6カ月

　今日はカイちゃんの修正（出産予定日から数えて）1歳半の発達検査の日

です。入院中は気が強いところをみせていたカイちゃんですが，人見知りが強く，外では固まってしまうとのことなので，お姉ちゃんの力を借りてみることにしました。お姉ちゃんも一緒に部屋に入ってもらって「幼稚園ごっこしよう」と椅子を並べて，二人の前にそれぞれ積木を置いて，積木の積み上げを始めました。お姉ちゃんははりきってどんどん積みます。カイちゃんの分の積木にも手を出すとカイちゃんは声をあげて奪い返しました。そしてお姉ちゃんに背を向けて積木を3個積んだのです。お母さんもお姉ちゃんも「カイちゃん上手にできたねえ」とほめてくれたのでカイちゃんは得意になってパチパチ拍手をします。ボールを渡すときょうだいで転がしっこを始めました。部屋の端に転がったボールを指さしてカイちゃんが「あー！」といいます。こうして遊んでいるうちに検査項目が次々終わっていきます。最後はきょうだいでお片付けもしたところでお姉ちゃんがカイちゃんに「今日の病院はおもしろかったね」と言って笑います。カイちゃんも笑って二人は手をつないで検査室から出ていきました。

　子どもは幼いほどとても柔軟なこころをもっています。たとえばNICUから障がいがある赤ちゃんが退院しても，きょうだい達は大人より早く受け入れてしまうことがよくあります。そして，普通のライバルとして容赦なく，そしてかけがえのない家族として楽しんで交流を始めます。

　生後4カ月ほどのユウちゃんやカイちゃんは，まだお座りもできず，やっと触りたいものに手が伸びるようになってきたところです。きょうだいからは親とは違う関わりがあって，お世話をしてくれる人ではないけれど，時には遊んでいるものを取り上げられてしまうけれど，やはりいつもいる人，大好きなお母さんやお父さんが大事にしている人として，安心感や愛着も感じているようです。

　赤ちゃんがより成長した1歳半では，さらに赤ちゃんの方からきょうだいのものをとったり，意思表示をしています。きょうだいのもめごとは確かに家庭生活では厄介事ではありますが，実はこのやりとりが子どものこころを育てて，発達を促す役割もしているのではないかと思います。

　お姉ちゃんがいないときのユウちゃんの様子からお姉ちゃんがユウちゃんにとってどんなに大切かが伝わる場面がありました。

＊赤ちゃん観察のユウちゃん：生後1歳9カ月

　今日はお姉ちゃんは幼稚園に行ってしまって留守です。ユウちゃんはお母さんとゴミ捨てに行った帰りで，大声で笑い，ハイタッチで私を迎えました。お部屋ではお姉ちゃんがいたときのように，走り回り，たたんだ洗濯物にダイブして声をあげて笑います。ひとしきり声をあげて遊んだ後，急にユウちゃんは寝室に向かって走っていきました。よくお姉ちゃんと布団の上で転げまわっていたあの部屋です。後をついていくと，ベッドにもたれかかるようにして指しゃぶりをしています。さっきまでの上機嫌が嘘のように沈んでぼんやりした表情です。ひとりぼっちの寂しいユウちゃん。やがて眠そうな表情になって足がガクリと脱力します。ついに泣き声を上げたのでお母さんが抱っこしてくれました。「あのハイテンションから寝ちゃうなんて」とお母さんも驚いています。ユウちゃんなりに，お姉ちゃんがいるときのように頑張ってみたけれど，やはり一人で観察者である私に対峙するのは荷が重かったのかもしれません。ユウちゃんはお姉ちゃんからいつもエネルギーをもらっていたのだなあと感じました。

　赤ちゃん観察は2歳までと決まっているので，この頃はそろそろ終わりという話題もお母さんとの間で交わされていました。観察の仲間からは，さよならに対する反応という意見も出され，このときのユウちゃんの心の中には，お姉ちゃんがいない不安，なんとなく去っていくかもしれない観察者である私への複雑な思いがあったのかもしれません。けんかばかりしているけれど，いないと物足りなくてさびしいというきょうだいへの気持ちはこの時期にはすでにはっきりと示されています。

　この時期のグループディスカッションでは，参加メンバー一人一人が自身のきょうだい葛藤を思い出し，自分たちの中に眠っていた「育てられ体験」が話し合われるということがあり，自分の中にも赤ちゃん体験があり，安心，楽しさ，悔しさ，理不尽さ，でも好き……という子ども時代の気持ちを再体験しました。親が自分の子どものけんかやもめごとでひどく悩んでしまうのは，実は，親自身の中の赤ちゃん体験が動いているからかもしれないということを実感したのでした。

Ⅶ　赤ちゃん観察を終えて家族の大切さを考える

　赤ちゃん観察を終えた後，生後2カ月で私と家族を見分けるような様子があったユウちゃんの姿がいつまでもこころに残りました。入院している赤ちゃんに，家族がなかなか会いに来られないときや，さまざまな事情で施設に退院していく赤ちゃんに会うと，親子の大切な時間が失われているような焦りを感じることもありました。でも，そんな私の焦りをおさめてくれるのは，退院していった赤ちゃんたちでした。私は，退院後の育児相談や発達検査でも赤ちゃんとご家族に会うことができるので，退院して家庭で育つようになってからの赤ちゃんのこころや体の成長を実際に目にすることができます。これは周産期の赤ちゃんと家族に関わるうえで，希望の光のようなものです。家族の中で生活を始めた赤ちゃんは，病棟にいるときとは違った表情をみせてくれます。特に退院後数カ月で変わっていく赤ちゃんは渇いた植物が水を吸い上げるようです。NICUに入院になった赤ちゃんに面会して「ちゃんと産んであげられなくてごめんなさい」と涙するお母さんや不安げに見つめるお父さんを目の前にすると，かける言葉さえ失ってしまう毎日ですが，いまは信じられなくても，赤ちゃんは育って，お母さんや家族がいるだけで嬉しいと思うようになること，家族の力が赤ちゃんの心の育ちには必要ということは厳しい周産期の医療現場に居続けるための私たちの支えになります。

　退院した赤ちゃんは家族の中からこころの栄養を吸収していきます。出産予定日から2カ月では誰に対しても笑顔を向けていたカイちゃんは，退院すると家族以外の人をしっかりと区別するようになりました。病院での生活が半年，一年と長くなる赤ちゃんにも，家族が関わり続けられるように支援していくことが大切です。より意識的に家族と関わる機会がもてるような環境を考えることが赤ちゃんのこころの育ちを促すためには必要です。これからも赤ちゃんの傍に居続け，家族のこころに寄り添って家族の力が赤ちゃんによって引き出されるお手伝いをできる心理臨床を続けていきたいと思っています。

文　献

橋本洋子（2011）NICU とこころのケア――家族のこころによりそって．メディカ出版．

Lavelli, M. & Fogel, A.（2005）Developmental change in the relationship between the infant's attention and emotion during early face-to-face communication: The 2-month transition. Developmental Psychology, 41（1）; 265-280.

鈴木千鶴子・丹羽早智子（2002）NICU 入院児の母親の子どもへの愛着形成に関する研究．平成 14 年度愛知県周産期医療協議会調査／研究事業．

Trevarthen, C.（1979）Communication and cooperation in early infancy: A description of primary intersubjectivity. In Baullowa, M. Ed. Before Speech: The Beginning of Human Communication. Cambridge University Press, pp.321-347.

吉田敬子（2000）母子と家族への援助――妊娠と出産の精神医学．金剛出版．

WHO（2014）World Health Statistics 2014. p.65.

Walton, G.E., Bower, N.J.A., & Bower, T.G.R.（1992）Recognition of familiar faces by newborns. Infant Behavior and Development, 15（2）; 265-269.

コラム②

NICU（新生児集中治療室）の赤ちゃんと乳幼児観察

　NICUを知っていますか。早く小さく生まれた赤ちゃん，重い疾患や障がいのある赤ちゃん，出産のとき具合の悪くなった赤ちゃんなど，いずれも生命の危機状態にあって集中治療の必要な赤ちゃんたちが入院している病棟です。今はテレビのドキュメンタリー番組やドラマに採り上げられていますので，ご存知のかたも多いかもしれません。私が初めてNICUに足を踏み入れた30年前は，医療スタッフと赤ちゃんの両親以外入ることのできない閉鎖空間で，両親の面会も15分程度に制限されている病院が大多数でした。臨床心理士の私は，生まれてすぐに引き離されてしまった赤ちゃんとお母さんへの「心理的援助の可能性を探る」という研究目的で，NICUに入れてもらいました。そこはまるで宇宙船の中のように無機質で，モニター音やアラーム音が鳴り響き，どこに立っていればいいのかもわからないほど張り詰めた命の現場でした。何かができると思った自分はなんと浅はかだったのだろうと痛感しました。すごすごと退室しようとしたのですが，そのとき保育器の前に同じように身の置き所がない様子で佇む女性に気づきました。それが他ならぬ赤ちゃんのお母さんだと知ったとき，何もできなくても，心理士としてNICUにいることを模索してみようと思いなおしました。

　保育器の中には，たくさんのコードやチューブにつながれ，まるでむき出しの命のような赤ちゃんが横たわっていました。面会に訪れたお母さんに自己紹介をして，傍らに佇むことを許していただき，そっと一緒に赤ちゃんを見守ることが私の「研究方法」でした。ただでさえ傷ついているお母さんを少しでも傷つけたくないと思い，カメラを向けることや記録をとることは一切しませんでした。お母さんと別れた後，別室で，赤ちゃんの状態や動き，お母さんの様子や行動，言葉などを想起して記録しました。このときの記録が，第6章で藤嶋さんが引用している「低出生体重児と親に

おける関係性の発達モデル」を作成する際の基礎データとなりました。研究期間を終えるとき，出会った10数名のお母さんにアンケートへの回答をお願いしました。どなたも米粒のような字でびっしりと書き込んでくださり，多くのお母さんが自由記載欄に「一緒に赤ちゃんを見守ってください，ありがとうございました」という意味の言葉を記入してくださいました。何も具体的な心理的援助などしませんでしたが，共にいて，共に赤ちゃんを見守り，こぼれてくる言葉をそっと受け止めることが，意味のあることかもしれないと気づきました。

　NICUに入って仕事を始め6年ほど経った頃，鈴木龍先生が主宰される「乳幼児観察」の第1期セミナーが始まると聞き，早速参加することにしました。当時，自分なりにNICUでのこころのケアを志していましたが，まさに草分けで，周りに誰も歩いていない道でしたから，道標が欲しかったのだと思います。そして，それは道標どころか，周産期心理士としての背骨ともなるような体験でした。

　まだ言葉をもたない，意味のある身ぶりもない赤ちゃんを観察しようとするとき，外側から眺めていても，何を思っているのか，どうしたいのか，伝わってきません。ウィニコット（Winnicott）に「赤ちゃんの靴を履く」という表現がありますが，観察者自身のこころを使って，赤ちゃんの気持ちを感じ取っていくしかないのです。赤ちゃんとお母さんの関係の中にそっと身を置くと，関係の中で何が起きているのかが少しずつ見えてきます。そのとき，観察者自身に湧く感情を観察することも大切です。乳幼児観察を行っていた2年目に，忘れられない出来事がありました。動きの激しい赤ちゃんでしたので，お母さんはかなり疲弊し，何度言っても制止の利かない赤ちゃんを叩こうとしました。目の前で虐待の芽を見たように感じて，私は動揺しましたが，そのときは何とか動かずに留まることができました。しかし，本当に援助的に動かなくてよかったのだろうかと不安が募り，そんな不安をセミナーで語って，ともに抱えてもらいました。次の観察の前日，なんと赤ちゃんは肺炎になって入院したと電話があり，病室を訪れることになりました。そこには，肺炎なのに何だか満足げな表情の赤ちゃんと，赤ちゃんが小さかったときのように穏やかで献身的なお母

さんがいらっしゃいました。身体の病気でしたが，関係を修復するうえで大切な契機となったのを見て，私は赤ちゃんの力を感じたように思いました。そして，動かずに待つことの意味を，身をもって知りました。

　観察時間内は，赤ちゃんの気持ち，お母さんの思いを感じながら，関係の中で何が起きているのかを見ることで精一杯です。終了後，私はその日のうちに，記録に起こしました。記録にすることで，観察時間内に起きていたことを少し俯瞰して見ることができます。セミナーで発表するときには，起きていたことをさらに深く見ていくことになります。ディスカッションを通して，観察場面が生き生きとよみがえり，見えなかったものが見えてくる経験を幾度となくしました。私のとらえ方の癖のようなものも明らかになったものです。他のメンバーの発表を聞くことで，母子がそれぞれに独自性，個別性を持っていることを強く実感しました。そして，何よりグループが大きな支えでした。

　乳幼児観察セミナーが終了した，ちょうど同じ頃，NICUに入って仕事をしていた心理士6名で周産期心理士ネットワークを立ち上げました。ネットワークの仲間たちと相互研鑽を行ううえでも，乳幼児観察の経験は生かされました。10名前後のグループスーパーヴィジョンという形で，各々が直面している困難を共有し，密な事例検討を行うことが慣例となりました。人数が増えてからは，地方ごとにグループを作り，それぞれ年数回ずつのグループスーパーヴィジョンを行っています。6名で設立した周産期心理士ネットワークは，2018年現在200名を超えました。周産期心理臨床が医療の現場で受け入れられ，質を保っていられる，そのベースには乳幼児観察の知見が生きていると考えています。

第 7 章
タビストック方式乳幼児観察からの贈り物

I　観察すること

まず，幼稚園の観察の一場面のいくつかを基にしたおとぎ話を描きたいと思います。

　その時間は手作りおもちゃの制作の時間でした。はやばやと作品を上手に仕上げてしまう子ども，周り糊に苦労している子ども，色マジックをうまく塗れなくて困っている子どもなど，子どもたちそれぞれが自分の制作に熱中していました。
　その時間の終わり間際，めいちゃんがクラスのうしろで観察している私の傍に寄ってきました。めいちゃんは私を見上げながら，「何を見ているの？」と言いました。私は少しだけ腰を下げて，「何を見ているんだろうねえ」と答えました。めいちゃんは，私が首からぶら下げているネームプレートを見ながら，「ふーん，カ・ウ・ン・セ・ラ・ー」と言って，上手にスキップしながら廊下に出て行きました。
　このやりとりを見ていたゆうとくんが，私の正面ににこにこしながらやってきて，「変なおじさん，何見てるの？」といたずらっぽく言います。担任の先生が一瞬隣のクラスの制作状況を見に行っているタイミングであったせいか，子どもたちが席から立ち上がって私のところまでやってきて，「変なおじさん」「変なおじさん！」「変なおじさん！！」と言い始め，軽くおしくらまんじゅうをされ始めました。心の中で私は，『たしかに子どもたちから見れば変なおじさんだろうなあ』と思いながら，子どもたちのおしくらまんじゅうをひょいひょい避けていました。
　しばらくして子どもたちの「変なおじさん」コールはやみましたが，一人の子どもが，私にバーンと軽くぶつかるような仕草をして「変なおじさん，変なおじさん，あっち行って！」と声をかけたものですから，また子どもたちは「変なおじさん」コールを始めました。だんだんと私は『子どもたちを見ていることが，何か悪いことをしているのではないか』という気持ちを感じ始めていました。またどこからともなく子どもたちが集まってきて，おしくらまんじゅうが始まりました。私は『まいった，まいった』と感じならがら無抵抗状態でいると，私は掃き出し窓の傍まで追いやられ，ついには廊下まで押し出されてしまいました。そし

て最後にゆうとくんによって掃き出し窓の鍵までかけられてしまいました。

　なぜ私は子どもたちから「変なおじさん，あっち行って！」と教室から押し出されてしまったのでしょうか？　この問いに正確に答えることはもちろんできませんが，「観察する－観察される」，言い換えれば「見る－見られる」ということが，子どもたちの気持ちになんらかの影響を与えていたのだと思われます。
　このように「見る－見られる」ということは，人と人との関係性において，人を排除しようというような強力な想いを生じさせる可能性があるわけです。現在，さまざまな乳幼児観察の方法がある中で，この「見る－見られる」という関係の中に立ち現れる無意識的な心理状況に着目したのが，この本の中で紹介されているタビストック方式乳幼児観察です。このタビストック乳幼児観察という赤ちゃん観察の方法論では，「見る」ことは，子どもが感じているであろう気持ちに引き込まれるようにして「見る」ということになります。
　先の幼稚園の観察では，私はおしくらまんじゅうの直前まで，子どもたちの手作りおもちゃの制作を見ていました。後付けにして思えば，変なおじさんコールを盛り上げていたのはゆうとくんだったような気がします。ゆうとくんは，自分の工作技術とおもちゃのでき栄えに格闘している子どもたちのうちの一人でした。私は，『作品が思うように作れず，イライラしているなあ』とか『紙コップはビニルテープで箱に固定すればいいのに』と思いながらゆうとくんを見ていました。ゆうとくんにしてみれば，『見ている（わかっている）なら，手伝ってくれればいいのに，変なおじさんは何もしないんだぁ』と思っていたかもしれません。ただし観察は保育に入ることではありませんから，私がゆうとくんに手助けすることはありません。しかしながら，ゆうとくんが『この人は，手助けすることができるのに何もしてくれない人だ。じゃあこの人はなんだ？　そうだ，変なおじさんだ！』と感じたなら，ゆうとくんと私の間には，明らかに「見る－見られる」の関係の中に意識的，さらには無意識的な感情のやりとりが発生していたと言えます。

このように，赤ちゃんや子どもたちは，観察者が自分たちの気持ちを理解しようとしていることを見てとっています。観察，すなわち「見る」という行為は子どもたちにとって強力な感情を発生させる行為なのです。

II　観察を保育・子育て・教育にいかす

　タビストック方式乳幼児観察は，子どもが感じているであろう気持ちに引き込まれるようにして「見る」ということが観察の大前提となります。このことは精神分析で言うところの同一化ということになります。この同一化とは，保育・子育て・教育の現場になぞらえて言えば，目の前にいる子どもが遊びや振る舞いによって表現していることがらを，保育者や養育者や教育者など子どもを見ている大人たちの中に自然と湧き上がる気持ちや考えを利用しながら，それはどういうことなのだろうかとじっくり考えていく，ゆっくり理解していくプロセスと言えましょう。

　精神分析では，実際の会話としてのやりとりはしていなくとも，このような思考や理解のプロセスが子どもと子どもに関わる大人との間で成立するコミュニケーションの一つであるとして考えてきました。乳幼児観察は，この無意識的とも言えるコミュニケーションを理解するために，赤ちゃんの発達状況や養育環境に着目することよりも，赤ちゃんに同一化することを第一義的に考えてきました。もちろん正解はないので，同一化していることがらに対しては，なんらかの具体的判断などは留保され，まずはじっくり考え続けていくことに集中していきます。時にはこれまでの考えに対して，新たな考えが思いつけば，それまでの考えを脇に置いたり，修正したりしながら，ひたすら同一化したことがらを考え続けていきます。このことは保育の現場や学校において子どもたちを観察することにとってもっとも難しいところかもしれません。それは観察の目的として，子どもに対するなんらかの具体的な判断を求められるような現場の要請があったり，観察者自身がなんらかの具体的な判断をしたくなるような気持ちになったりすることがあるからです。

　しかし古今東西，子育てにおいて，大人たちは一人の子どもに対して，

矛盾するような，いろいろな見方をしているものだと思います。悪く言えば，言いたい放題かもしれません。お母さんは「この子はおしゃべりさんだ」と言い，おばあちゃんは「この子はじっと人の言うことを聞いている子だ」と言い，近所のおばちゃんにいたっては「いろんなことを話してくれる賢い子だ」と言い，子どもたちにとってみれば，心の中で「もう煮るなり焼くなりどうでも好きにしてくれ」と言っていることでしょう。そしてお母さんは，おばあちゃんや近所のおばちゃんの我が子に対する見方に，「ああ，そうか。この子にはそういうところがあるのかもなあ」と，ちょっと立ち止まって子どものことを考えることがあるかもしれません。おばあちゃんは，「孫は意外とおしゃべりさんで，お母さんの間ではわがままだったりして，子育てが大変なときもあるのかなあ」と考えるかもしれません。実は，このような言いたい放題の状況は，赤ちゃんや子どもの観察にとって重要なことなのです。

　この本で紹介されている乳幼児観察は，すでに自らも乳幼児観察を経験しているセミナーリーダーのもと，週1回1時間半から2時間ほどのグループ形式で開催される乳幼児観察セミナーで報告します。乳幼児観察セミナーは，今現在乳幼児観察を行っている観察者たち6〜7名ほどの固定メンバーで構成され，輪番で観察記録を報告します。グループはセミナーリーダーのファシリテートを得ながら，観察記録を自由に話し合います。つまり乳幼児観察セミナーは，観察者が観察してきた赤ちゃんを，ああでもないこうでもないと自由に会話し，その赤ちゃんを考えていく場，言い換えれば抱えていく場となるのです。この乳幼児観察セミナーでの自由会話こそ，赤ちゃんを理解していく乳幼児観察の中心的課題となりえるのだと言えましょう。

　私はかつて，難しいがん治療に対して放射線治療を施すときに，いちどきに一箇所に対して強力な放射線源を照射するのでなく，微弱な放射線源をいろいろな角度から時間をかけながら照射するのだ，ということを聞いたことがあります。保育の現場や学校現場での子どもたちの観察は，このような放射線治療と似ているところがあるかもしれません。実際問題，保育の現場や学校現場で子どもたちの観察が求められるとき，そこには子ど

もの発達特性だけでなく，養育環境からの心理的な反応など，解決すべき課題が複数絡み合っている場合が多いものです。その場合，一度の観察で有益な解決策が得られることは少なく，日にちと時間をかけながら子どもたちと子どもたちに関わる大人たちの関係を慎重に見とっていく必要があります。そして観察者は，自分はなんでも知っているというような水晶玉を持っていないのだという自覚を持ちながら，観察されたことがらを一回一回，保育士の先生がたや学校の先生がたと共有し，自由会話を続けていく必要があります。このようなプロセスを経ていくと，あるときふと，山頂付近の風景のように眼前が開け，「あー，この子の言動はそういうことなんだなあ」と，子どもの理解やそれに伴う子どもたちに関わる大人たちの達成感が得られることになります。

Ⅲ 大切な人の瞳に映った自分

さて，ここで観察の基本的要素である，「見る」ということをあらためて考えてみたいと思います。

絵本「おかあさんの目」（あまんきみこ作）は，主人公である子どものせつこが，母親の瞳にいろいろなものが映り込んでいることを発見してストーリーが展開します。そしてこの絵本の一番伝えたいことは，せつこが母親の瞳の中に映っている自分を見て，せつこが母親に抱えられているのだと実感することにあります。絵本「おかあさんの目」のように，子どもたちが母親の瞳の中に映る自分の姿を見て，子どもたちが母親に抱えられていることを認識するなんて，なんてドラマチックなことでしょう。しかしながらこのドラマチックな現象は，実際に再現することはかなり難しいようなのです。

ここでアマチュア写真家の小野寺史勤さんを紹介したいと思います。小野寺さんは数年間，児童養護施設の職員として働いておられました。仕事柄，小野寺さんは，子どもたちの写真を撮る機会が多くあったそうです。あるとき小野寺さんは，日当たりの良い施設のベランダで写真を撮ろうとしていました。そのとき小野寺さんは，目の前のいた子どもの瞳の中に，

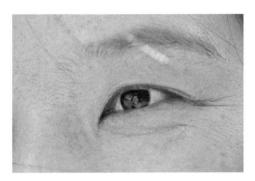

写真1

カメラを持った小野寺さん自身がはっきりと映っていることに気がついたそうです。小野寺さんは「どうしてこの子の瞳に映っているのが私なんだろう。本当は実の親が映っていて欲しいのに」という考えが浮かび，子どもたちの目の中に大切な人が映っている写真を撮るために，どうすれば再現できるか試行錯誤されてきているとのことです。子どもの瞳の中に，撮影者である小野寺さんが映っている写真を撮ることも技術的にはかなり大変だということですが，小野寺さんはさらに撮影者である小野寺さん自身が瞳の中に入り込まないように工夫しながら，子どもの瞳の中に親の姿が映り込む構図を考え出したそうです。なお小野寺さんは，母親の瞳の中に子どもの姿が映る写真も数多く撮影されています（写真1）。あるとき私は，小野寺さんから写真1のような写真を数多く見せていただく機会あり，その際にこのような写真を撮る工夫について教えていただきました。以下にその一部を引用させていただきます。

　「私が瞳の写真を撮り始めてから困ったことは，瞳の中の写り込みをはっきり写すことと，一枚の写真として美しく写すことが両立しがたいことでした。写り込みを大きく映そうとすると瞳だけのアップとなり違和感を感じますし，親子から離れて二人の仲の良い写真を撮ろうとすると映り込みが小さ過ぎて見えないのです。矛盾を解消し，上記の写真を撮るためには，機材の工夫や，写り込みの法則性，良い表情が現れるための親子の関係など，多様な課題に向き合うこととなりました」

この小野寺さんの説明からわかることは，瞳の中に人が映ることをカメラで再現することがかなり大変であるという事実です。それと同時に，その瞳の中に映った表情が良いものであると見てとるのは簡単ではないことがわかります。そうしますと，子どもが絵本「おかあさんの目」のように，おかあさんの瞳の中に自分の姿を見てとるということはかなり難しい，実はむしろ空想の世界，言い換えればおとぎ話なのかもしれません。しかしながら絵本「おかあさんの目」がながらく読み継がれている事実を考えると，誰もが母親の顔（瞳）に自分がやさしく抱えられていることを見てとっているからかもしれません。

　小児科医であり，精神分析者であるウィニコットも，赤ちゃんにとって母親の顔が，自分を照らし返す鏡の機能をもつことに着目しました。ウィニコットは，母親が赤ちゃんを見つめるとき，赤ちゃんは母親の様子が赤ちゃんに関係しているのだと考える，と言っています。このように「見る」逆を返せば「見られる」という関係性の中には，事物が見えるという感覚受容器としての機能を越え，自分について「考える」「想像する」という心理的な営為を誘発するようです。

　ここで乳幼児観察の素材を基にしたおとぎ話を描写します。

　　お母さんは思い出したようにたけしくんを見て，抱っこして，またたけしくんを寝床にそろーっと置きました。それからお母さんはたけしくんのお尻あたりをロンパース越しにつまんでみます。そしておもむろにたけしくんのロンパースのボタンをプチプチとってたけしくんをおむつ姿にしました。そしてぱっと紙おむつを開けます。ちょっとウンチがついていました。お母さんは「出たね〜」とたけしくんにやさしく言葉をかけて，なにやら楽しそうにたけしくんに語りかけ始めました。たけしくんは無抵抗で母親をじーっと見ていますが，そのうち「う」「きゃー」くらいのかわいいお声が出てきます。そしてお母さんはお尻ふきでたけしくんのお尻や下腹部をきれいに拭き取り，さっと新しいおむつを滑り込ませ，汚れた方のおむつの中にお尻ふきを丸め込み，使用済みのおむつは脇の方に置きました。お母さんはたけしくんに新しいおむつをはかせて，ロンパースのボタンを止めていきました。

「いい子に育つ！　6000回のおむつがえ」という本があります。この本は，おむつがえを楽しんでやることを勧めています。この本によればママがおむつがえを楽しんですることによって，赤ちゃんはだんだんと楽しそうなママに協力しようとするそうです。この共同作業の達成は，ウィニコットが言う母親が赤ちゃんの照らし鏡のようになっているということで説明できるでしょう。おそらくはママが楽しそうにおむつがえの作業をする顔は，赤ちゃんにとって楽しさの鏡となっていることでしょう。このように赤ちゃんは，見るということから想像するということも発達させていると思われます。

IV　見ることから想像することへ

　私は最近，普段一緒に仕事をしている保育士の先生から，昔ながらの日本式のおんぶひもの良さが見直されていることを聞きました。実際，同僚の保育士の先生は，地域の子育て支援事業の一環として，ママたちに日本式おんぶひもの良さを紹介しています。それによるとおんぶの効用は，①赤ちゃんが安心する，②赤ちゃんの姿勢が良くなる（親の背中に沿うように丸くなるのが赤ちゃんにとって良い姿勢），③おんぶによって親の背中越しに親のやっていることを一緒に経験することによって知的好奇心が高まる，などがあるそうです。とりわけ③の，親の背中越しに親のやっていることを一緒に経験することによって知的好奇心が高まるという効用は，発達心理学として非常に興味深いものがあります。お母さんの背中越しに赤ちゃんがお母さんと同じものを見るという状況は，発達心理学で研究されてきている共同注視の状況と考えることもできそうです。ただし，おんぶの状況をよく見てみると，お母さんの顔の近くに赤ちゃんの顔が来るようにおんぶ紐で固定されているとはいえ，赤ちゃんがお母さんの肩越しにお母さんがしている家事をすべて見ることができていると考えるのは少し無理もありそうです。どちらかといえばお母さんの横顔を見ているか，まったく母親とは違う方向を見ている方が多い状況なのではないでしょうか。このことから推測されるのは，おんぶされた赤ちゃんは，お母さんが見て

いる様子を，お母さんの語りかけや動きによって自分と関連付けて想像しているのではないかということです。それは，赤ちゃんをおんぶしているお母さんは，赤ちゃんが感じているであろう気持ちを赤ちゃんになりきったかのように語りかけ，そして赤ちゃんはそのようなお母さんを見ているという状況ではないかということです。ここにおいて，お母さんは赤ちゃんに同一化し，赤ちゃんもそれを自分のものとして取り入れて利用していくようになるという関係性が生まれます。

　ここで乳幼児観察の一場面のいくつかを基にしたおとぎ話を描写します。

　　ふと気づくと，いつきくんがおっぱいを吸っている音とお母さんがいつきくんの背中をなぞるような音はやみ，時折，スー，スーと寝息のような音が聞こえては消えました。そこでおかあさんは立ち上がりました。そしておかあさんは掃き出し窓の傍に立ち，そーといつきくんをゆすっています。いつきくんは寝息を立てているようでした。お母さんは時折窓外の緑を見やったり，何か考えたり，いつきくんを覗き込んだり，時折ツーシーターに腰掛けたり，また立ち上がっていつきくんをゆすったり，そして考えたりしていました。それは私がまったく入れないいつきくんとお母さんの二人の世界になっていました。……（長い時間が経過しました）……。掃き出し窓から風が通っています。しばらくして，お母さんはいつきくんを寝床に持ってきました。いつきくんはスヤスヤ，たまにかるく微笑んでいるようなやさしい顔で，スヤスヤと寝ていました。いつきくんのお手手は万歳していて，寝顔は満足そうな顔で，時折何か考えているようでもありました。

　実際の赤ちゃんは眠りに落ちつつあり，おそらく目は開いていないのですが，お母さんは赤ちゃんが見ているであろうことを想像しながら，抱っこしてあやしています。そのお母さんの想像が赤ちゃんに取り入れられているかのような場面です。

　　太郎眠らせ，太郎の屋根に雪ふりつむ。
　　次郎眠らせ，次郎の屋根に雪ふりつむ。

三好達治の「雪」と題する有名な詩です．詩の中には，子どもを眠らせている母親の姿は描かれていませんが，子どもの寝顔を見ながら，子どものことをいろいろ考えながら寝かしつけている母親の情景が目に浮かびます．そして屋根に降り積もっていく雪のように，母親の子どもに対する想いはさまざましんしんと積み重なっていくようです．そこには子どもと母親の無意識的なコミュニケーションが成立し，子どもが育っていく豊穣な世界があるのかもしれません．
　最後に幼稚園の観察の一場面のいくつかを基にしたおとぎ話を描写します．

　しずかちゃんは急に泣きだしました．しくしくしくと泣きだしました．しばらくしてけいこちゃんが「せんせー，しずかちゃんが泣いてる！」と先生に向かって言いました．先生はちょっとだけ他の子どもへの指示をすませてから速やかに，しずかちゃんのところへ行きました．そしてやさしく「どうしたの？」としずかちゃんに問いかけました．しずかちゃんは先生が問いかけたことによってよりいっそう大きく泣きました．するとしずかちゃんの様子をずっと見ていたたかしくんは「かなしくなったんじゃない？」としずかちゃんの方に向かって声をかけました．それを聞いて先生は「そうだねえ，かなしくなっちゃうこともあるねー」としずかちゃんに声をかけてあげました．しずかちゃんはひくひく言いながら，しばらく泣きましたが，自然と収まりました．

　子どもたちは気持ちにひきこまれて見る，見られるということを通して，考えることを発達させていくようです．

文　献

あまんきみこ (1988) おかあさんの目．あかね書房．
保土ケ谷区子ども家庭支援課．第45号にこやかほがらか通信．
子育てを一から見直すプロジェクト (2009) いい子に育つ！　6000回のおむつがえ．主婦の友社．
三好達治 (1996) 測量船．講談社文芸文庫．
小野寺史勤．パーソナルコミュニケーション．
Winnicott, D.W. (2011) 子どもの発達における母親と家族の鏡役割．Raphael-Leff, J. (編)，木部則雄 (監訳) 母子臨床の精神力動——精神分析・発達心理学から子育て支援へ．岩崎学術出版社．

第8章

対談：保育臨床と赤ちゃん観察

上田順一 × 森 稚葉

I　保育現場の臨床心理士に対するニーズ

上田：赤ちゃん観察をどのように保育・幼児教育の現場で応用しているかという事について話していきましょう。まず，(森) 先生はどうして現場に入ることになったのですか？

森：ある園は，子どもの主体性を育むような保育をしたいと，自由保育へ方針転換しようとしていて，園長先生は，子どもの何を見てどう関わったらいいかわからないスタッフがいると思っていました。保育の中でどう関わると子どもの主体的な力を育むのかを考えたい，そのために臨床心理士に来て欲しいということでした。発達の滞りだけでなく，元気がない遊べない子も気になるという話で，いわゆる発達障害の子たちをどうするか，というニーズだけではなかったと思います。

上田：観察するためのターゲット行動があるわけではなかったですか？

森：なかったです。園の物理的，人的保育環境についての助言や，保育者がどのように子どもを見とっていくかについて園内研修をしてほしいということでした。保育方針を変える過渡期に底支えをしてほしいというニーズだったのだと思います。

上田：なるほど。主体性を育むというのはどういう意味だったのでしょう？

森：たぶん，子どもが何かに夢中になれる，自分自身を感じる事なのだろうと思います。

上田：主体性と探求心っていうつながっている話ですね。情緒が安定しなければそれらは出てこないというのはアタッチメント理論では当然の話ですよね。

森：そう。主体性があまりなくて，保育者が関わると変な反応をしたり予想もしない要求をする子どもたちの事を話し合うことになっていきました。

上田：僕自身も幼稚園に関わっているけれど，細かい事じゃなくてもっと大枠で困っている事，子どもたちの難しさと関わる大人の掛け算があって，転換点というか過渡期というところにいて，自分が求められています。

森：そういう意味では同じかもしれません。それは「この子の問題を何とかして欲しい」というニーズで呼ばれるのと違う感じがしています。こちらの関わりに対する向こうの受け止め方が相当違います。

上田：特定の子どもの園庭遊びや教室での授業を見て、観察ターゲット行動から「この子はこういう発達特性があります」という、巡回相談のニーズもありますよね。

森：特定の問題発見と問題解決モデルですよね。両方のニーズがありますね。

上田：そこが臨床心理士の使い方の大きな違いになりますね。保育園や幼稚園がどれだけ使い方を理解しているか。現在、保育にもPDCA（Plan-Do-Check-Action）プロセスが導入されてきていますよね。それは、最低限の質の担保になるのかもしれないけれど、本当に重要なのは、保育者や教育者が子どもを考えるためのシンキングスペース（思考するための心の空間）を持つことだと思います。保育や教育の現場に入る臨床心理士は、保育者の思考空間を支える役割を果たせるとよいですかね。

森：自分がどういうニーズで園に呼ばれているかということから、考えないといけないのでしょうね。

上田：そうですね。何より保護者相談はわかりやすいメニュー、他に教員・保育者へのアドバイス、研修、コンサルテーションがありますかね。

森：私は、お母さんたちへ子どもの発達に関するメッセージを園だよりに書いています。スモールメニューはそれぐらいです。大枠で見ると、臨床心理士独自の仕事とは何でしょうね。私の場合、組織が変わり、現場がガタツクことへの支えを求められていたと思うのですが、振り返るとそのニーズにどう応じていたんでしょう？

上田：それは、何かが起こったときに心理療法を人生に組み込んでいくプロセスと似ているのでしょうか？　臨床心理士が保育の現場に入っていくとき、もちろんその時期は特別支援教育という観点で重要な時期であるけれど、保育園・幼稚園がその組織をセラピー的に支えて欲しいというニーズも潜在的にあると思います。もちろん、現場で教員や保育者にセラピーはできないから、そういうニーズに対して赤ちゃん観察経験か

ら得られた子どもについての理解や考えをどのように使っていけるか，という話になるのではないでしょうか？

Ⅱ　保育臨床においていきる赤ちゃん観察体験

森：私は，その園に勤め始めた後に赤ちゃん観察を始めました。その前は，別の園で保育臨床をやっていたけど，そのときに見ていたのは問題行動だったかもしれません。

上田：見張りをしていたのでしょうか。

森：性格的にあまり見張れないので，見守りの要素もあったと思うけれど。以前も問題行動だけじゃなく，ある程度の時間観察して，子どもが動くパターンや流れを大事に見てはいました。子どもに関わりどう応答してくるかを見て，アセスメントしていたところがあったけれど，赤ちゃん観察をしてから関わる量が減りました。子どもから求めてきたら関わるけれど，そうでない限り，基本的に見ていられるようになりました。それは私の中で大きい事でした。もちろん赤ちゃんと違って幼児には応じることも必要になるけど，こちらから介入してみる事をしなくなったと後になって思います。以前は，自分が試しに関わってみて「こうやればうまくいく」関わり方を探していた気がします。今は「この子はどんな世界に生きてるのかな」という事を見るようになった。子どもとの関わりについては，保育者から聞いたり，保育者と子どもとの関わりを見て何が交流されているのかなと考えます。もともと子どもの行動の細かなところを見ていたけれど，外的刺激に対する反応パターンやアタッチメントを考えていて，心の中の空想世界と結びつけて考えてはいませんでした。赤ちゃん観察の約3年のセミナーで変わったことだろうと思います。この子はどういう空想を生きてるだろうと考えるようになって，それをコンサルテーションの場で保育者たちとも話し合うようになりました。

上田：見方がずいぶん変わりますよね。

森：自分の見方が変わって，それを保育者たちと共有することが，子ども

にどう影響するのかを考えたエピソードがあります。

　ある男の子は，保育室の中で急に豹変することを心配されていました。自閉症とは違う気がすると保育者は言っていました。ある日，座ってじっとしているときを見ていると，ひたすら体の前で素早く拳を動かし続けて「トトトトトトト」と声を出していました。保育者はいつも戦いごっこをしているから，座らされて退屈だから遊んでいるのだろうと。だけど，私はその様子を見ながら，本気で何かと戦ってるんじゃないかと思いました。彼にはどうも何かが見えてるように思えたし，空想の中で戦わざるをえない状況にいるんじゃないかって。座っているときはいい子だけどずっと戦っている。その事を保育者と話しました。単になんとかレンジャーになってるというより，本当に目の前にいる何かと戦っているように私には見えるって。それを聞いた保育者たちも「あー……確かにそうかも」という話になりました。あるとき，彼は戦っていました。私は隣にいて「なんか……大変な戦いだね」と言ってみました。そしたら「そうなんだよ」と真剣な声で言いました。「悪い奴がいるんだよ。だから僕は戦わないといけない」って。「ああ，そうか……それは大変だし，忙しいね」と私が言ったら，彼は「そうなんだ」と。保育者たちもその辺りにいました。その数カ月後，保育者に彼が話しました。「誰にも言えなかったけど，実は耳の中で声がする」「すごく怖い思いをいっぱいしている」と。彼はごっこ遊びなんてしていなくて本気だったと保育者は気がつきました。部屋の中にいられるようにと保育をしていたけど，彼がたくさんの人がいる部屋にいるのはつらいだろうと，だから友達ともトラブルが起こるのかもしれないという理解をしていきました。彼は部屋の外に自分の家を作って，そこと保育室を行き来するようになっていきました。この話を保護者と共有しようと試みたけれど，それは難しかったです。もし私が保育者と同じように「退屈してるから遊んでるので，何か役割を与えたり，見通しをつければ，落ち着くんじゃないか」と環境への応答として行動を見ていたら，彼は「本当は怖い」と保育者に話す事はなかっただろうと思います。

上田：そこに，僕らが言うところの同一化みたいなプロセスが起こってい

ます。子どもたちは，自分に同一化している人がわかるので，自分の体験を伝えようと思ったのでしょうね。
森：彼は，今まで私や保育者たちのことを，自分の体験を共有できる人じゃないと思っていたんでしょう。だけど保育者たちの眼差しが変わって，彼は自分の体験を話したのだと思います。
上田：要するにその受け皿があるから，伝えられるということ。
森：そう。保育者もびっくりしました。もしかして，思っていたよりもその子はしんどいんじゃないかと。私もそう感じました。
上田：そのしんどさを解決するのはまた違う話だけど，彼が在園中にそういった表現をできるのは素晴らしい事ですよね。
森：彼は突拍子もない子だったから，保育者たちはどうなっちゃうかわからない子だと思っていました。それが，彼がある保育者に自分の体験を話した事でみんな腑に落ちたし，彼は居場所を得て穏やかになっていきました。
上田：掬いあげられないものを掬いあげられましたからね。そのためにはその部分を見てる人がいなきゃいけません。アクションで誤魔化しちゃうんじゃなくてね。
森：アクションと言えば，声をかけるときはすごく悩みました。でも，セラピーと一緒で関わってみないと，仮説だけではわからないですから。
上田：そこがまた違う難しさで，補助線を引く，明確にする事は重要だし，そこが先生の話を聞いていてドラマチックだと思ったけど，自分がやろうとすると難しいですね。
森：何回か観察していたので，あのときは悩んだ末，言ってみようと思いました。言ってみたら，彼は思いのほか素直に答えました。私と話した後，一旦戦いは落ち着きました。そのしばらく後に保育者に体験を話したのは，私も保育者も本当に驚いたことでした。
上田：もちろん本人に関わる事も重要だったと思うけど，直接子どもに関わっている保育者に伝えることが重要だったと思います。
森：保育者と共有することで，「たぶん理由があるんだろう」という目線で子どもの行動を一緒に見てみようという感じになる。それがさっき

言ってたシンキングスペースだと思います。

上田：たとえば僕の場合，保育者みんながある子どもに注目している状況で，「彼がこうやって注目されることをどう体験しているんでしょうか？」と伝えて，保育者たちが彼についてそれぞれ考えたことを話してもらうことがあります。「彼はこれまで注目されていなかったから，丁寧に見ましょう」というのではなくて。このよく見ること，話し合うことが保育の一つの仕事になっていく，これもシンキングスペースだと思います。

森：なるほど。子どもについて，みんながよく見て，話し合うというのは大事なことですよね。さっきの事例では，みんな彼の卒園後を心配して，保護者に何か卒園後にあったら，園に声をかけて欲しいと言ってもらいました。保育の現場では，卒園後にも子どもや保護者とつながりをもつことが多くあります。たとえば，小学生を招いて同窓会のようなことをして，子どもたちは保育者と再会する。小学校にあがった保護者の話も，継続的には無理だけど，1，2回は聴くことにしています。初めて知らないところに相談に行くのはすごく大変だと思うから，何かあったときには園に相談してねという形で。

上田：そうですね。それはまた重要なことです。要するに，見られている体験自体がその後も彼らの中で生きていくし，そういう意味であくまで園を卒園しても人生としては続いていくんですよね。そこに開いているのが赤ちゃん観察かな，と思います。赤ちゃん観察も，保育園での関わりも，ある意味でオープンエンドなのだと。

III　観察者のポジション

上田：僕の場合，観察者としての理解を伝えるところまでですかね。男性だし，ある意味外見的に保育者と思われないところがありますから。

森：不思議なことに，私も子どもから保育者だと思われてないんです。

上田：やっぱり観察のポジションがあるんですね？

森：あります。最初にクラスに入ったときに必ず言われるのは「誰？　何

しに来たの？」と。
上田：「何見てるの？　誰見てるの？」と言われますね。
森：面白いのは，何人か継続的に気にかけて見ている子がいるのだけど，彼らは私に寄ってくる。だから，子どもを丁寧に見るという行為自体が子どもに伝わっている，と思います。反対に避ける子もいる。あと「また来た」みたいにチラ見する子もいる。きちんと整理はできていないけど，見て欲しくない段階と見られることを求める段階があります。赤ちゃん観察をする前に出会った３歳の男の子の例。初めて出会ったとき「見んじゃねえ。なんだてめえ」と私に足蹴りで砂をかけた。よほど嫌なんだと思って「見られて嫌なのはわかったけど，砂をかけるのはやめて欲しい」と体の砂をはたいて「嫌だってわかったから，じゃあね。でもまた来るかもよ」と言って去りました。それから長いこと，私を見るたび「来んじゃねー」「見るな」と言っていました。でもいつからか「また来たのか，おばさん。もう来んな」と言うようになって，私はこの頃から「来て欲しいんだな」と思うようになりました。「じゃあまた他の教室を一周したら来るね」と言うと「えー来なくていいよ」と言うのに，私が保育室に行くと「あ，来た！」と。そして年長の頃「見て」と言うようになりました。忘れられないのは，年長のとき私のところに来て「僕，好きな子に嫌って言われた。ひどい」って泣いたことでした。私は彼から見ることを拒否されてきて，彼は私に「人から拒否される気持ち」をずっと伝えてきていたのだと思っていたから，「そうだね。好きって，いつでも受け入れてもらえないからつらいね」って私は声をかけて。彼はわんわん泣いていました。
上田：そういう意味で，見られていると見てもらっているところの関係が成り立っている。
森：最初は迫害的で見られる事は心地よくなくて。その体験がどう子どもたちの中でプロセスされるかはそれぞれだと思います。さっきの「見守る」という話なのかもしれません。最初は見とがめられる感じがあるんでしょうか。だけど，それが見守られている，見に来てくれた，会いに来たという感じになっていくのはすごく印象的だと思います。

上田：見とがめられるという話だけど，僕は見張られているという感じに捉えています。見ている方が子どもの中にある「見張られている感じ」を心の中に持っていないと，本当には子どもを見られません。「見張られている感じ」を無視すると，ただ温かく見守ることになってしまいます。そういう，大人から見張られている感じを体験してきた子どもたちは，見守られることをすぐには体験できません。たとえば，普通にトイレに行く途中で子どもが観察者を振り向いていくとき，観察者に関心を寄せたというポジティブな意味だけじゃなくて，「見張られている」という否定的な感情に同一化することがすごく重要です。これは普通の行動観察ではできないと思います。楽しそうでしたとか，バイバイしてくれましたみたいな観察で終わってしまいます。たぶん赤ちゃん観察を体験して学んでいくと，その言葉にならない部分に焦点が当てられる。そこが僕らにとって強みですよね。

森：そうかもしれません。クラスに行くときはその子どもを見ているわけじゃなく，いろいろなところに目線が向いているけど，その子は「私を見ている」という独特の反応をします。この子は私に「見られている」と感じている，と私は感じます。それは，私がその子に同一化しているということですよね。そのとき私は，この子は「自分に何かうまくいかない事があるからこの人は自分を見に来た」と感じているのかなと思います。コンサルテーションのときは，その子の「見られている」という反応の話から始めます。その子の中に，うまくいかない事を見とがめられている感じがあるのではないか，その事と保育者たちが今課題だと思っている事はどう重なっているだろうか，とか。

上田：行為として見えている事と，見えていないけれど心の中で動いている事を重ね合わせて物語を紡いでいく事がコンサルテーションだと思います。

森：そうですね。私のコンサルテーションの何が変わったかというと，保育者が子どもをどう見ているかをより意識するようになったかもしれません。たとえば，「私が今日，クラスに入っていったら，あの子は自分が見られている事をわかったみたい」と話し始めると，保育者たちに何

か思い当たる事があるだろうか，という話になります。すると，保育者たちは「いつもあの子が何かするんじゃないかと思って見ている」とか，「母親が朝の別れ際に，あの子に厳しいこと言って去っていった」とか，子どもが置かれている親や保育者との関係を連想します。そして「そういう風に大人に思われながら，クラスの中にいるのは大変だろう」という話になります。赤ちゃん観察経験の前後を比べると，前の方が私の喋る量が多かったんじゃないかな。保育者が一方的に問題を話して，私が「処方箋」を出すようで，二人の間にあまりシンキングスペースがありませんでした。

上田：Q＆Aみたいな感じですね。

森：そう。今は，一方的に聞いているわけではなく，その子どもが「生きている心の世界」を一緒に組み立てていくことをしています。でも，最終的に「どうしたらいいですか？」となると「処方箋」を出してしまうこともありますが。その内容は，保育者のキャリアステージによります。自分で考えられる人もいるし，難しい人もいます。若手の場合，ある程度の補助線がないとどうしたらいいかわからない。子どもの理解はしたけれど，手が出せないと手応えがないと思います。キャリアがあると「こういう感じでやるとこうなるんですよね」と相手が言ってくれるので，そこから「もしかしたらこういう風に彼は体験してるかもね」と応じると，保育者が自発的に考えていきます。保育者の方がアイディアはもっています。長く関わってきた保育者とは，前に取り組んだ事例の話になって「こんな話をしてたらあの子を思い出すね」と言われることもあります。

上田：ディスカッションの中で，保育者一人一人の，ああこういうふうに関わっていったらいいのかなっていう保育者なりのアイディアが出てきます。

森：そこが大事かなと思います。そして，保育者が考えた関わりがうまくいかなくなったとき，何が起こっているのかを話し合っていきます。だけど，保育者のキャリアの差がある中でうまくいかない事もあるし，クラスに破壊的な子どもが多くなると保育者たちが脅かされる事もある

し，そういうときは考えるスペースが減ってしまいます。そうすると，子どもの理解だけではとてもコンサルテーションはもちません。その事態を収めるための手立てを具体的に考えないと，子どもとの関係に悪循環が起こって，保育が立ち行かなくなるときがあります。そういう状態では，私も積極的に介入します。

上田：なるほど。小学校でそういう問題が多く見受けられるのかな。

森：いわゆる「学級崩壊」みたいな感じですね。子どもの世界を理解した後に，どういうふうに子どもに制限をかけるか，その伝え方，制限を破ったときにどこでどう子どもをレスキューするか，マネジメントをしないとならないので，手の空いているスタッフは，特定の時間帯にそのクラスに入るとか，具体的に考えないといけません。その手立てを考えるときに，赤ちゃん観察の姿勢はやっぱり役に立ちます。たとえば，園にお母さんがスタッフとしている子どもは，ストレスが高まるとふいに保育室を飛び出してお母さんを探し始めました。同じクラスに発達の滞りゆえに集団の騒がしさが苦手でふいに保育室を飛び出す子もいました。その子たちが互いに刺激しあって，飛び出しが悪化しました。そのとき，発達の滞りのある子を抑える手立てと，母親が恋しくて出ていくのを抑える手立ては違います。でも，保育者たちは一度に複数の子どもが保育室を飛び出すと，それを抑えることに必死で，それぞれの心を考える余裕はなくなってしまって，二人とも同じ「問題」な子と感じてしまいます。そういうとき，その子が母親に会えない寂しそうな感じや寄る辺ない感じを観察で掴めたのはすごく重要でした。たとえば，具体的に保育室をどう構造化すると子どもたちの状態が治まっていくかを提案しました。発達的視点も大事だけれど，渦巻いている不安をどのように遊びの空間の中で吸収していくかを考えることも大事だと思います。たとえば，不安を抱える場所としていくつかのコーナーを作って，ソファーを置いたり，囲われた場所にしたり，落ち着かないときにそこで過ごす事をとがめないことにします。すると，子どもはそこでゴロゴロ転がって，部屋の中に留まれます。

上田：それぞれのスペースが出来上がるんですね。

森：はい。それでもこぼれる数名を補助的なスタッフが抑えるようにするとか。

上田：結局一番は関わる人が入れたらいいんだけど，人は限られているから。どうやって子どもを抱えるかという事を保育者に伝えます。なかなかそれは難しい事だなって思うのですが。

森：難しいです。一人の子どもが破局的状況になると，それに影響されて他の子どもの中にある破局的部分が動き出して，相乗効果が起こってきます。どこかからそれを抑えていかないといけません。影響されにくい子どもたちをリストアップして，グループや座席を組み替えることを提案したり。発達が遅れていて，養育環境も整っていなくて，情緒が落ち着かない子どもはおんぶをするとか。

上田：抱っこじゃなくておんぶはいいですよね。自分の手前が空くし，たくさんの子どもたちを抱えるという意味で理にかなっています。それに，究極の関わりですから。タイトにしないとだめですから。

森：すごく抱えられたって感じがします。

上田：そういうクラスを普通に観察すると，観察者自身がその子を抱えなきゃと思って，手を出してしまうことが起きますよね。

森：観察者が，自分では抱える事はできないというのは重要です。そのときは，ある保育者がどうにもしようがなくておんぶをしました。私は彼女の関わりを支持しました。「甘やかしている」とその対応に納得しない人もいたけれど，彼の中に赤ちゃんのような部分があることを観察のエピソードを交えて話して，その赤ちゃんの部分がどうにもならなくて暴走するとき，おんぶしておくことに意味がある，と伝えました。でもそうすると，他の子どももしてほしいとなるから困る，と言われる。それは，他の子たちの赤ちゃんの部分も刺激されているということで，もしかしたら保育活動全体が子どもたちの発達段階に合っていない可能性もあるし，全体的な関わりを見直していく必要があるだろう，という話をしました。観察をして，保育者が突拍子なくやった事が子どもたちにとってどういう意味があるのかを考えることも大事だと思います。保育者は，こう関わることがこの子にとって最善だと直感的に思ってやるん

ですよね。退行を促進してしまう事もあるけれど，その子どもの発達ニーズに合っている事もあります。その子に湧いている不安が保育者の関わりですっと収束することを観察すると，子どもの不安は抱えられたと思います。でも，保育者の頭には「年齢相応の発達」という枠組みがあるから，たとえば「おんぶを3歳児にするのはおかしい」という「年齢相応」の保育観と，特定の子どもとの関係で生じた直感的関わりとの間で葛藤するように思います。確証を与えるわけじゃないけれど，観察で感じた直感的関わりの効果を伝えることは，保育者の不安や葛藤を抱えることになるのかなと思いました。

上田：本当に赤ちゃん観察のように，子どもを抱えているようで，家庭を抱えている，保育全体を抱えているということですね。だからコンサルテーションは，基本は赤ちゃん観察のセミナーグループのディスカッションと同じ。なんらかの予定調和的な答えがあるわけじゃないし，どこにゴールがあるかわからないというか。

Ⅳ 観察者が保育に与える影響

森：もう一つ気にすることは，私が入ることによるクラスの変化です。観察に入ると，普段と違うことが起こります。私が見ているのは，あくまでも第三者である観察者が入ったときに起こる独自のプロセスだと思います。赤ちゃん観察もそういう面がある気がします。だから，私が保育室に入ったことで，子どもの様子はどう違ったかを話題にする事が多いです。

上田：なるほどね。それは今まで自分になかった気がします。

森：「今日はいつもと比べてどんなクラスでしたか？」と聞くと，いつもと変わらない事もあるけど，「今日はいつもより落ち着いていた」ということが多い気がします。そのわけを考えると，子どもたちを見る目がいつもより多くあるからだろう，と思います。それから，「どんなところが違った？」と保育者の観察を聞いて，私の観察を話すことが多い気がします。

上田：それはやった事はないですね。何かの拍子で言っている事はあるかもしれないけど，少なくとも意識的には，普段の保育と僕が入ったときの違いという問いは出したことないですね。

森：私は意識しているかもしれません。赤ちゃん観察のセミナーグループディスカッションで，私が見ていることが母子に影響を与えている，という話題がよく出て，そのことを意識するようになりました。私がそこにいる事がどうクラスに影響するのかなと考えるように。

上田：その問いは面白いですね。毎週クラスに入っていて，自分にその問いがなかったのはなぜだろう？　赤ちゃん観察では，自分が行くときとそうでないときは違うだろうと重々わかっていて毎週体験させられているのに。

森：私は月1回だから，毎週に比べると子どもにも大きな違いとして体験されやすいかもしれません。これまでも学校の巡回相談で微妙に感じていました。教員から「今日はいい子だったんですよ」と言われることがありましたから。

上田：確かにそれはありますよね。小学校であるかな。

森：ありますよね。中学校でも，暴力的だと言われている男の子に会いに行ったとき，今日は穏やかだったと言われたことがあります。「私が行くことがいつもと違うことを引き起こすらしい」という感覚はあったけれど，それは「今日は教育委員会から先生が来ています」という「お墨付き」のせい？　と思っていました。だけど，赤ちゃん観察で，見ること自体が相手に与える影響があるらしいと思いました。

上田：教員に影響があるんですか？　子どもに？　どっちも？

森：両方なのではないかと思います。長く付き合いのある保育者は今では私がいてもいなくても保育は変わらないけれど，最初の頃は何か影響を与えていただろうと思います。巡回相談のときは教員の関わり方が変わるのだろうなと思っていました。いつもだったら大声で注意するところを，私に見られていたら静かに言うだろうし。その違いによって子どもの様子が違うと言っているのではないかと思っていました。子どもたちも「教育委員会から先生が来てる」ということに影響を受けて，いい子

にしているかもしれない，とも思っていました。でも，ちょっと待って違うんじゃないか，子どもは見られることで落ち着く面があるんじゃないかと，赤ちゃん観察を経験して考えるようになったんです。

上田：その視点はなかったですね。言われるとそうかなって気がします。

森：毎週だとどうなるのかはわからないけど，その可能性はありますよね。

上田：あると思います。毎週だからこそありそうな気がします。

森：大人の目がもう一つ入ることが違うんじゃないでしょうか。子どもたちに配れるものが違うでしょう。逆に目線によって不安になる事もあるかもしれないですが。

上田：そうですね。その問いは非常に重要な気がします。先生が問いかけているのは，観察者が子どもにどう利用されているかという問いですからね。

森：観察者がクラスに入るとき，見る目だけではなく，不安や感情を受け止める心のスペースも一緒に入ってくる。そうすると，そこに投げ込まれるものがある。その事を考えないといけないだろうと思いました。

V 保育者にとっての赤ちゃん観察

上田：保育者の間でも赤ちゃん観察が普及していくといいなと思うけれど，そのためには，まず赤ちゃん観察が役に立つことを知ってもらわないといけません。

森：私が赤ちゃん観察で学んだことは，日常生活でも，ある一つの出来事の裏で動いている心の動きは多層になっているということでした。表層ではいい感じでも，その奥に怖い世界があったりします。基本，保育は子どもを育てる方向が第一義だから，保育の観察は「育ち」に焦点が当たりやすい気がします。「育ち」の裏側に停滞や破壊もあると思うし，それも「育ち」の過程で大事な体験と思います。だけど「育ち」方向に視線が寄りすぎると，それ以外のことが「育ち」を阻害する問題行動として捉えられてしまう。二分法になってしまう感じがしています。

上田：保育では，身体と行動の育ちが先にあるのだと思います。だから保

育者たちもそちらに注目するし，それを見とる力があります。

森：行為の裏にある心の世界は，できるできないで測れないし，子どもの思いは一種類じゃないからわかりにくいですね。心の世界で言うと，保育者は子どもが何かに夢中になっている，充実していることを見とるのはすごく上手。反対に，子どもが散漫になっているときの中にある，しんどさやばらばらになっている感じ，まとまらない部分を見とるのは難しいのかもしれません。おそらく，行動がまとまってる部分は，心がまとまってるところなのだと思います。育まなければならない子どもの心の部分は，まとまりとまとまりの間にある気がします。

上田：行動と行動の間にある。

森：それは，ばらばらだったり，意味がわからなかったり，無意味に見えたりするけれど，そこに子どもの心の滞りや難しさが表れているかもしれないと思います。それらが「問題行動」という言葉でくくられてしまうと，修正・消去されるべき行動になってしまって，お互いに不幸ですよね。子どもの不安や混乱という体験が理解されるチャンスがなくなってしまうから。子どものまとまらない部分に対して視点を向けようとした場合，エピソードを抽出する観察の仕方では，そういう理解の可能性を含む子どもの様子が落とされてしまう感覚が，私にはあるかもしれません。

上田：観察者は，まとまりのないものが一つに収れんしていく過程，僕らが何に焦点化してものを見ていくかを伝えます。そしてそれは決して記録の仕分けではありません。

森：よくわからないけれど印象に残ることがらは，記録に書きにくいのだろうと思います。そこを語っていくことが重要なのかなと思います。私が今の園で働いてよかったのかなと思う事の一つは，「子どもが遊べない」という現象について保育者たちが考えるようになったことです。ある子どもが当てがなく園庭を走り回っていたとします。最初の頃は「あの子は走るのが好き」と言っていたのが，「あの子は走り回るだけで，なんか当てがない感じがする」と観察するようになったのは，多少，私の観察を保育者たちと話し合った経験が生きているのかなと思えます。

上田：「当てがない」という表現は，時空間があるから立体感があります。多動や落ち着きがないとかではない。

森：そうですね。当てがないから，「あの子には何か夢中になれるものが必要なのじゃないか」とか保育者たちが考えます。「落ち着きのない子」とか「走るのが好き」で終わらない。

上田：そういう視点が入る事の重要さですよね。

森：他の専門家もいるので，私だけの影響でないと思うけれど。子どもが何を体験しているのかということについて，標準からの逸脱以外の見方をスタッフはするようになったと思います。まとまらない様子の中に子どもの心の動きがあると気づくのは，赤ちゃん的な心の部分に対する感性なのかなって思います。

上田：いわゆる PDCA サイクルのような管理工程，パッケージされたものにはのらない。その工程にのらないのが，基本，人間の人生そのものですよね。

森：そうですよね。たぶん PDCA イクルを回せるような意識的な心の層もあります。でも，その奥にそれでは片付かない心の層があって，それも大事なものだと思います。それらがつながるとか，時に反発するとかする事もなくスパッと切り離してしまうと，おそらく心が育たないのではないかと思います。

上田：そうですね。そしてその心の層のどの位置に立脚しているかの違いが対人関係における他者理解の破局，エンドステージになる。いわゆるいじめとかそういう事があると思います。

森：そこには，このぐちゃぐちゃしたよくわからない部分が出てきているということ。

上田：そうそう。それが最後，形じゃないとこが後付けで，噴出してそれで遡って逆算のプロセスになって，もうどうしようもない状態になるっていう事ですから。

森：それは人生の始まり頃からあることですから。時間軸と因果があるエピソードだけでない世界が保育の営みでたくさん観察されていて，そのことと保育者たちの困っている事はつながっている気がします。それら

をどう見て感じて理解するか。こういう角度から見るとこういう見えるという像をいくつも描きながら，その子どもの別の部分とつなげたり，言葉とつなげたりして，理解していく事が大事なんですかね。

上田：簡単ではないけど，赤ちゃん観察は決して良いことを見て褒めるのではありません。むしろ，ネガティブな感情や印象に焦点を当てるということが，情緒的安定にとって重要だと教えてくれます。その情緒的安定をもとに主体性や人と関わる力，つまり生きる力を育むという非常に重要な視点を赤ちゃん観察は提供していると思います。

森：そう思います。「褒めて伸ばす」ことを考えるときに，いつも思い出す子がいます。赤ちゃん観察をする前に出会った，年中クラスの男の子です。発達の滞りがあって，いつも靴が脱ぎっぱなし。保育者はいつも「下駄箱に入れなさい」と声をかけていました。ある日に彼がばっと下駄箱に靴を入れました。保育者はすごくうれしかったと思うんだけど，すごく褒めました。「靴，入れられたじゃん，すごいね！」って。そしたら彼はふてくされて，保育室に入って来ませんでした。私は，何かが起こったと思って，隣に座って，「なんだかとても怒ってるみたい」と声をかけました。しばらく黙った後，彼は振り絞るような声で，「あんなこと，褒められたってうれしくなんかないっ！　あんなのはみんなできている事だ。みんなの前で褒められたってうれしくなんかないっ！」と怒鳴りました。私は「そうか」と，しばらく並んで座って園庭を見ていました。それから私は「だけど先生は，君が靴を入れた事がうれしかったんだと思うよ。ただ，それをみんなの前で言われた事は嫌だったね」と言いました。彼は何も言いませんでした。もうすぐ給食の時間だったから，「少し考えてみて。私たちは部屋で待ってるから」って言って部屋に戻りました。保育者に伝えたら，外に行って二人で話していました。結局彼はちょっとふてくされてはいたけれど，部屋に戻ってきました。褒めるって，その子どもの実感とずれていたら，無意味なんですよね。

上田：そうですね。むしろわかってもらえてないと感じるのでしょうね。

森：下駄箱に入れたこと，普通のこととしてスルーして欲しかったんです，彼は。最後は保育者と話し合って，二人の間では解決したと思いますが。

「褒める保育」の落とし穴を私は彼から教えてもらいました。保育者は彼を「褒めて伸ばそう」と思ったんじゃなくて，とてもうれしかったんだと思います。だけど，彼にとってそれは本当に恥ずかしかったと思います。そういうことに，私たちが鈍感になってしまうというのでしょうか。

上田：何が子どもにとっての達成なのかって事ですよね。

森：はい。もし，保育者が表面に見える出来事だけでなく，その奥にある子どもの恥ずかしさとかネガティブな感情を実感することがあったなら，たぶん褒めないと思うんです。自分はうれしくても，褒め言葉はこらえて，彼と二人で目を合わせて笑うという事が起きたんじゃないかと思います。そう考えていくと，成長に目を向けがちになる保育実践の中で，そうではない心の世界を知ることは，たぶん本当の意味で子どもに寄り添う保育につながるのだろうなと思います。

上田：本当おっしゃる通りだと思います。行為じゃなくてむしろ表現の方，子どもが自分の体験をたとえ否定的なものであっても他者に対して言明するという意味での達成も大事ですね。

森：そこにフォーカスするためには，やはり感じていく事ですよね。

第9章
乳幼児精神保健にいかす乳幼児観察

I　はじめに

　乳幼児に関わる人は，その乳幼児だけでなく，その子を育てる親や養育者への謙虚で丁寧な関わりが求められます。「赤ちゃんというものはいない。赤ちゃんはいつも誰かの，つまり母親の一部である」というウイニコット（Winnicott）の言葉のように，赤ちゃんは日々自分を養育する人とのつながりで生きています。動物の中でも最も未完成の脳で生まれる人間の赤ちゃんは，養育者との関係性の中で存在しているのです（Winnicott, 2005）。

　日本のなじみ深いあやし歌の「ゲンコツ山のたぬきさん」には「おっぱいのんで，ねんねして，だっこして，おんぶして，またあした」というせりふが続きますが，育児とは日々くりかえされる授乳，睡眠，抱っこの積み重ねです。一見単純なこの営みに二つとして同じ瞬間はなく，母親にはある瞬間は至福の喜び，別の瞬間には果てしない疲れ，そして無数のその他の感情がわきあがりながら育児をしています。うまくいくときもそうでないときもほどよくまざる育児の実態を，机上の空論ではなく実感として現場で体験することが，育児，保育の専門家になるための基礎研修です。

　カウンセリング，精神療法などのメンタルケアの専門家の養成も同じです。初めて出会うこの世に二人といない人の悩みの相談を受けるとき，その人の生きている世界が想像できなければ，気持ちを受け止め理解することはできないでしょう。特に精神分析は，人の現在の問題に幼い頃からの葛藤が解決されないで尾を引き影響していることを考慮して取り組む治療です。誕生から積み重なる乳幼児期からの身体感覚記憶と現在の気持ちが微妙に絡み合っているのです。心の無意識，つまり幼い頃の生命記憶を扱う精神分析家の養成は「乳幼児観察」が基礎研修の必須項目とされます。英国の**タヴィストック・クリニック**の児童精神療法家を養成する**エスター・ビック**（Bick, E.）の創設した「乳幼児観察 infant observation」が正式な専門家養成プログラムとされます。今世界で普及し，日本でも行われています（Bick, 1968）。

乳幼児観察では，赤ちゃんのいる家庭を自分で探し，親御さんと話し合って毎週決まった時間に訪問させてもらいます。丸1時間，ほぼ決まった場所にじっと座って，全身を目にして，黙ってひたすら，その赤ちゃんをあるがまま見つめます。家庭訪問が終わった直後に集中してみたことを記録に書き出します。ビック方式の乳幼児観察の研修者は，保健師，医師，心理士，助産師など職種を問いません。臨床経験をもつ人が受けることができます。博士号をもつ医師や，政治的地位が高くても，乳幼児観察ではただの素の自分となって，肩書や役割を捨て，家庭での赤ちゃんから学びます。そして5，6人の仲間の乳幼児観察セミナーグループの中で，毎週順番に90分，1回分の自分の観察記録を報告し，仲間やリーダーと討論します。二つとして同じ観察はない母子の様子には，いい日も悪い日もあります。お母さんにアドバイスを求められても，赤ちゃんのことはお母さんが一番よく知っているはずなので，観察者は謙虚に自分はわからないことを伝えます。見つめ続けても，口や手は出さないのです。治療者の役割に慣れている人には，いつもと違う逆の立場の新鮮さと難しさもあるでしょう。仮に虐待に該当する観察をしても，決して決めつけずあるがままを見つめ記録し報告し続けます。グループ討論で，赤ちゃんへの危険が強く疑われるときにのみ，セミナーリーダーが責任をもって必要な介入を行います。実際にまれなことで，これは虐待だと観察者が感じた場合，グループの皆でその観察をよく吟味し，観察者がどうしてそう感じたのかをあらゆる角度から振り返り検討します。観察者の目の前でぶつかり合っている母子がやがて，乳幼児が指差しをしたり，つかまり立ちをして，新しい発達がおきると，母子関係ががらりと変わることなどを体験します。山や谷をのりこえながら母子が響き合い，生き延び，愛着関係を発達させていくプロセスを観察します。いい日を楽しみ，悪い日をしのぎながら，親子関係がやがて深まり，1歳を過ぎると，その母子だけのユニークな絆が生まれます。人見知りが始まり観察者が拒否されたり，つかまり立ちを自慢げにみせてくれたりなど，その子の不連続で飛躍的な発達により，予測できない変化を観察することを通して，研修生は自分の不安や緊張などにより曇る目でものいえぬ乳幼児と親を見る危険に，自分から気づくことが必要です。

現在の日本は，大人中心の都会化社会であり，必ずしも生まれたばかりの命である新生児や乳児が，最初の 1,000 日間を，満ち足りて過ごせるような育児環境があるとは言えません。ものいえぬ乳児らは，発達と生存の危機状況にあるとも言えるでしょう。まず少子化が問題であり，平成 28 年に出生数は年間 100 万を割り，平成 29 年には 94 万人と減る一方となっています。しかし深刻なのは，虐待報告件数やドメスティック・バイオレンスの被害件数の増加が示すように，生まれた一人ひとりの乳幼児が，必ずしも幸せな発達環境にない現状です。赤ちゃんが実際に，家庭でどのように発達していくかを実感としてつかむ研修は，子どもや大人の心のケアに取り組む専門家の基礎体験として必要です。普通の自然な発達には，その子の資質による個体差が大きく，普遍的な早期の発達経路には荒れる状態が健やかな脳発達の表れです。一過性の発達上の状態を異常と間違え，発達障害と誤診するケースが，実は日本では後を絶ちません。赤ちゃんを守り育てる役割をになう保育園，子育て支援センターや乳児院の保育士，保健師には，目の前の子どもの資質や発達特徴を理解し導く役割が課せられ，そのために**乳幼児精神保健**の基礎を勉強することも必要です。

II　赤ちゃん観察と直観的育児

　ものいえぬ赤ちゃんを理解する営みは，まず直接観察することから始まります。赤ちゃんの肌のつや，血色，瞳の輝き，表情，姿勢やしぐさ，ぐずり方や泣き声などをみて，赤ちゃんの具合がいいかどうかを，親や養育者や保育者や看護師らが直観的に判断します。この自然になされる「直観的育児 intuitive parenting」は，人が誰にも教わらず赤ちゃんのニーズを察して適切に応じる育児のことです。むずかる赤ちゃんを，やさしくとんとん叩いたり，表情ゆたかにあやしたり，歌うように話しかけたり。そのなにげない素朴なきめ細やかなしぐさは，赤ちゃんをなだめるだけでなく，脳の発達をも促進していることを，**パプゼク（Papousek）夫妻**は「直観的育児」として詳しく研究しました（Papousek & Papousek, 1987）。

　幼い頃に心地よいお世話をしてもらった人は体にその心地よいケアが刻

みこまれ，生命記憶として定着しています。それは自分が大人になり，赤ちゃんにふれるときに，直観的育児行動として湧きでてきます。良い育児や良い保育の要素は，知識や意識を越えた無意識の感覚的要素を含む営みなのです。

Ⅲ 乳幼児精神保健と乳幼児観察

　乳幼児精神保健では，生まれた赤ちゃんが，かけがえのない存在として可愛がられ，親，家族や地域に慈しまれるように，親子の信頼関係を大切に育みます。筆者はチェルノブイリの原発事故の起きた1986年に，ストックホルムの第3回**世界乳幼児精神保健学会**に参加しました。一人ひとりの乳幼児とその家族を決して決めつけることなく，どんな問題を抱えている親子にも，人としての謙虚な尊重をもって関わり支援する，あたたかく地道な専門家の集まりでした。筆者はおのずと世界乳幼児精神保健学会の生きた専門家から学ぶようになり今日に至っています。

　乳幼児精神保健の世界では，以下のような乳幼児への視点をもちます。

1．関係性の響き合う世界

　「赤ちゃんは**人間関係オーケストラ**の中に生まれる」と**スターン**（Stern, D. W.）は言いました（Stern, 1985）。また「人の赤ちゃんは，**間主観性**という人の心の奥の意図や感情を見抜く早熟な対人アンテナを生まれながらもつ」と**トレヴァーセン**（Trevarthen, C.）は言いました（Trevarthen, 2009）。「赤ちゃんにとり大事なことが三つあるとすると，第一に関係性，第二に関係性，第三に関係性」と**バーナード**（Barnard, K.）は，何をさしおいても慈しまれ守られる**肯定的な関係性**が何重にも大切であると強調しました（Barnard, 2015）。

2．受胎から最初の1,000日間

　胎児は受精卵から新生児となる個体発生の過程で，地球が36億年かかって今日まで存続してきた歴史の中で，海から陸にあがった生命から霊長類

が生まれて今日の人間に進化したという生命の系統発生のプロセスをたどります。乳幼児は人知を越えた，宇宙とつながる生命エネルギーの世界に生きているのです。受胎から最初の 1,000 日間は，一生に必要な脳の中核が形成される時期なのです。生まれたときに 115 億個ある神経細胞は，最初ばらばらです。それが誕生直後から毎秒 180 万の神経の接合を作りながら，刻々と脳神経回路のネットワークを作り，赤ちゃんはハイハイしたり指差しをしたり，つかまり立ちをしながら，一歩ずつ新しい心身の発達をとげていきます。この知見に基づき**世界健康機構（WHO）**と**国連児童基金（UNICEF）**は近年新たに，発達途上国への衣食住の物資支援に母子のメンタルケアのプログラムを加えました。困窮した地域の赤ちゃんにただ栄養物を届けるのではなく，お母さんが笑顔で腹の底から明るく笑えるようにしたのです。最初の 1,000 日間に要となるのは，母親が周囲に守られながら，安心して笑いの溢れる育児をすることです。幸せな関係性が健やかなこころを育てるのです。

3．風土が人を創る──人間関係オーケストラ

遺伝－環境相互作用は，最新の脳科学のテーマの一つです。遺伝的資質以上に生活環境が，脳を創り，人を創ることがわかってきました。母子をとりまく人間環境の風土が，母子関係を作り，その関係がその子によいものとして伝わるととりいれられるのです。あくまでもその子が置かれた環境をどのように感じながら相互作用を重ねていくのでしょうか。

4．カイロスの時間とわくわく原則

脳は羊水の延長のような，きれめのない，温かく柔らかく包むのびやかな環境でよく発達します。スターンはわくわくして周囲と響き合うとき，脳も心も発達することを実証し，赤ちゃんは「**生気情動**」をベースに持ち，身近な相手，つまり母親，父親と「**情動調律**」という気持ちの響き合いの中で愛着関係を築くことを示しました。(Stern, 1985, Malloch & Trevarthen, 2009) 赤ちゃんは感覚的に二度と戻らぬ「今」と「ここ」でのときを，わくわくしたり，沈んだりしながら生きています。それはその子にしかわ

からない生命感覚の時間であり，主観の時間でもあります。

　古代ギリシャ語には，クロノスとカイロスという2種類の時間を示す語があります。クロノスは時計やカレンダーで測る客観的な時間で，人間社会の生活時間です。カイロスはその人だけの主観的な心の流れの中の時間。乳幼児は，胎内の羊水に包まれた感覚から始まるカイロスの時間を生きているのです。

5．間主観性とコミュニケーション的音楽性

　乳幼児は「間主観性」という特殊能力を生まれ持ちます。間主観性は敏感で早熟な対人アンテナで，瞬時に相手の情動，つまり「はらのうち」を察知する力です。相手の表情や声のもつリズムや抑揚やメロディーに，敏感なアンテナを張りめぐらしているのです。母親が心から安心して赤ちゃんをあやすとき，赤ちゃんは「クークー」と答えます。このやりとりを0.1秒単位で解析すると，リズムとメロディーが認められます。これは「コミュニケーション的音楽性」理論と言われ，人類に普遍的に存在する基本的なコミュニケーションのことです（Malloch & Trevarthen, 2009）。

　コミュニケーション的音楽性は，日本語では「阿吽の呼吸」にあたるものでしょう。全世界の民族に普遍的に認められます。未熟児にも認められるので，生まれつきの脳の機能と考えられます。母親が不安で緊張しているときには生じません。そこで新生児室のスタッフは，母子のやりとりを観察しながら，メロディーとリズムの要素が少ないと，注意深く母子関係を守ります。母親が疲れているのではないか，言葉にならない不安があるのではないかと思いやります。要因を考え，とりのぞき，母子関係に不安緊張がなくなるように工夫します。コミュニケーション的音楽性は，理屈抜きの，自律神経系の支配する内臓感覚の響き合いとも言えます。

6．愛着とストレス

　1歳を過ぎる頃，赤ちゃんは自分から大好きな相手を選びその人に対して固有の愛着を形成します。愛着は複数の養育者に向けられます。しかしその中でも，一番自分が信頼し，自分が困ったときに頼れば裏切ることな

く受け止め，理解し，一緒に考え，不快をとりのぞいてくれる人に第一の愛着を形成します。乳幼児の愛着関係は大事な観察項目です。愛着は親子関係や養育システムに問題があるときには，安定型の愛着が形成されにくくなります。1歳を過ぎた乳幼児の愛着の示し方，困ったときの救いの求め方，視線，声，表情や接近の仕方などの行動として観察されます。愛着行動には，その子の生きてきた関係性が反映されています。

　乳幼児の心の発達には，胎内からのきれめのない安心感が何より必要です。乳幼児は自分から安心安全でわくわくする相手を見つけて近寄ります。どの動物よりも未熟な脳のままに生まれた人間の乳幼児にとり，いきのびるには養育者に密着し守ってもらうしかないからです。**ボウルビー**（Bowlby, 1961）は非行少年が乳幼児期に親と離死別体験をもつことをつきとめ，生態行動学的観察により，**愛着（アタッチメント）理論**を構築しました。乳幼児期のよい愛着形成は，その人の心の港の役割を果たします。よい心のベースや港をもつ人ほど，よりよい人生の冒険をしていくことができます。乳幼児が愛着を形成する相手は，乳幼児が自分から選ぶ人であり，年齢や男女を問いません。複数で，自分を理解し裏切らない人たちです。その中でも一番気に入った人が，その子の第一愛着対象となります。愛着対象はふつうは母親ですが，父親，祖父母や親類や血縁のない他者のこともあります。

　愛着は安定型と不安定型（回避型，抵抗・両価型，混乱型）に分けられます。1歳から1歳半頃には「**見知らぬ状況（ストレンジ・シチュエイション）**」という設定場面で，愛着型を評価することができます。乳幼児期の愛着型は基本的には連続性をもち，児童期，思春期，成人期まで継続されます。その反面，不安定型愛着は，再愛着療法や乳幼児親精神療法と呼ばれる，関係性に焦点をあてた治療アプローチにより改善することができます。

7．乳幼児のトラウマ

　乳幼児はいきのびるために，ストレスを受けると本能的に防衛をします。乳幼児期の防衛メカニズムについてフライバーグは臨床研究で示しました

(Fraiberg, 1972) 日々の生活は，思いがけないつらいことだらけです。特に現代社会は高度に工業化しているため，家族や地域社会が急激に変化しています。複合災害，戦禍，疾病，事故などによるストレスやトラウマが増加し，多様化し複雑化しています。親子の事情はそれぞれ違っていて，二つと同じものはありません。マニュアル化された情報は，目の前の苦しむ親子に部分的にしかあてはまりません。どんな関わりも，まず親子との信頼関係づくりから始まります。特に，病気，障害，貧困，家族葛藤などを抱えて生きている親子には，一期一会の出会いで，言葉にならない苦しみを感じ取ってくれる察しのよい感性豊かな人にしか，なかなか信頼を向ける気にはなれません。

　人生早期の心の発達には，乳児を親身にケアする養育者との関係が必須です。早期の養育者とのよい体験がその子の人と自己への信頼を育てます。その一方つらい体験やトラウマが放置されると，トラウマが**身体感覚記憶**として心と体に刻まれてしまいます。特に虐待，ＤＶや性被害などは，信頼する大人に裏切られる行為にあたります。それはその子の世界観をくつがえすほどの重篤な関係性障害となります。そのために脳の発達が歪むことも解明されています。その結果，自閉症や多動症などの広汎性発達障害をもつ子に酷似した，情緒と行動系の歪みを生じます。それは日本ではあまりにもしばしば発達障害と誤診され，保育現場，育児現場の混乱を引き起しています。しかし，実は原因のまったく異なる，**反応性愛着障害**や**発達性トラウマ障害**（Lieberman, A., Van der Kolk, B., 2015）なのです。早期の関係性障害は画像にも克明に障害を残し，取り返しがつかないものなのです。

8．内省的自己と葛藤の世代間伝達

　愛着は世代間伝達する一方，内省することにより防ぐこともできることを解明したのはフォナギーという精神分析家です。産前に母親に「成人愛着面接」を実施し，産後も観察を続けたところ，一歳を過ぎた乳児に，高い率で母の愛着型が世代間伝達することを研究しました。母親が安定型愛着なら子供も安定型愛着を示します。母親が不安定型愛着なら子どもも不

安定型愛着を示すことが観察されます。ところが例外ケースもあったのです。それをよく調べてみると、その場合には、母親自身が率直に、実母への葛藤をしみじみと振り返り、ぼろをさらけだすことができていました。その場合には不安定型愛着が子どもに伝達しないのです。(Fonagy, 1981)ありのままを率直に振り返りしみじみと認める内省機能こそ、心の病気や伝達を予防するメカニズムであることを明らかにしたのです。

「子どもは大人の親」と詩人**ワズワース（Wordsworth）**は詠います。マーラーの分離個体化理論が示すように、その子の心の発達は、その子固有の資質や感性と養育環境や体験との出会いが絡み合ったものです（Mahler, 1972）。そこから保育士、保健師や治療者が、自ら内省力の豊かな自分になることが、母子に有益なのです。そこで乳幼児精神保健の専門家を養成するプログラムでは、臨床家は内省力を育むスーパービジョンを受けることが今、米国や豪州で普及しています。

ものいわぬ乳幼児は、全身で自分を受け止めてくれる誰かを求めています。相手が親身に自分を受けとめてくれるかどうかを、間主観性の能力により、相手の視線、声、表情や素振りを通じて見抜いています。そこで乳幼児に関わる人がまず自分を振り返り、親身にその子をケアできているかを、常に反省する視点がとても大切になります。今日、世界乳幼児精神保健の専門家養成には乳幼児観察と**内省的スーパービジョン**が大切にされています。

IV 乳幼児観察とフロイトの赤ちゃん観察

乳幼児精神保健はフロイトの創始した精神分析から生まれました。約120年前にフロイトは乳幼児がすでに人間として主体的に生きている事実を観察したのです。乳幼児は何も話せなくても、刻々と生きた体験記憶をもとに、今、ここで生きようとしています。言葉にならない意識を越えた胎児期や乳幼児期からの生命記憶は、すべての人の心の底にあることを確認したのです。フロイトは以下のような赤ちゃん観察をしています。

フロイトは、ある日母親になついていた1歳半の孫エルンストが、母

親が留守をしても泣かずに遊んでいる姿に気づきました。エルンストは夢中で糸巻きをひきよせては投げています。糸巻きを遠くに投げては，「フォー！」，たぐりよせては「ダー！」と声をだし，飽きずに繰り返しているのです。フロイトは孫の発声がドイツ語の「いない」「いた」を意味することに気づき，次の仮説をたてました。

　孫のエルンストは母親がいないという，いてもたってもいられない気持ちの中で，身近な糸巻きを投げては引き寄せ，それが遊びになったのです。ただの単純なしぐさのくりかえしに見えても，そこには「ママがいない，戻ってきてー！」という願いや意図があることにフロイトは気づいたのです。母親がいないことへの不安におしつぶされ，じっと無力のまま自信のない子になるかわりに，自分から不安を克服しようとしたのです。心の問題の起源がこのような体験にあるとフロイトは直観し，そこから力動的な神経症理論を構築しました。**ものいわぬ乳児**を人として認識し，その動きを意味あるものと真剣に観察して生まれた理論です。

　フロイトの観察眼は人間への深い理解をうみだし，その後**スピッツ**，**マーラー**，ウイニコット，A. フロイトらが今日に至る乳幼児精神保健の礎石を築きました。人の子は無力な状態から人生をスタートし，依存対象との関係性の中で生きていきます。一方常に自ら主体的な意欲や意図をもって周囲と関わっていきます。人間の心とその障害の起源を探求したフロイトのすごさでしょう。

V　赤ちゃんを心と体に刻みつける観察

　工業化と核家族化の進む日本では今，乳幼児にとり豊かな人間環境や人間関係オーケストラがあるとは言えません。両親と兄弟のそろった核家族を音楽団にたとえると，せいぜい弦楽四重奏，五重奏です。年間出生数が2016年に98万人，2017年に94.1万人と少子化の進む日本では，子どもの数と同時に，一人ひとりの子どもが幸せに発達成長をとげているかどうかが深刻な問題です。乳幼児の虐待や愛着障害の増加は氷山の一角にすぎません。家族機能の低下した全国で，乳幼児のストレスに気づき早期に

対応できる保育士や保健師の専門家性の向上が求められています。

　赤ちゃん観察では，ものいわぬ赤ちゃんをひたすら見つめ，その表情や瞳の輝きやしぐさを追います。全感覚を集中し，できるだけ曇りのない目で，赤ちゃんのかすかな動きの瞬間の観察を，心に刻みつけていきます。そこから伝わるものがおのずと観察する私たちの心に引き起こす思いをもたどります。そして今この子はどんな気持ちなのかと思いめぐらし，一歩ずつその子の心の世界への理解を深めていきます。無垢な赤ちゃんを見つめるうちに，自分もこんなに小さな存在からスタートしたのかといった謙虚な内省もわいてきます。赤ちゃん観察は，その子と自分が，今ここで，二つとない時空間を共に生きていることを気づかせてくれます。お互いどこからきてどこに向かうかわからない者同士が，今ここで出会うことの不思議さを感じさせてくれます。その間も赤ちゃんは，母，父，祖父母らや外からくる大人の関係性にもアンテナをはりめぐらしているのです。

臨床の中での乳幼児観察

　筆者はビックの「乳幼児観察」を研修する前に，遊戯治療室で乳幼児を観察しました。6年間東神奈川の小児療育センター精神衛生相談室で，鈴木玲子室長から児童遊戯治療の基礎を研修しました。毎年夏には，古澤頼雄先生と鈴木先生の主催する自閉症児キャンプに参加し，重い自閉症の学童児を一対一で受け持ちました。その子が寝てから深夜まで，症例検討会で一日の報告をし，関わりを内省しました。はたしてその子は私と過ごしてどんな一日だったのか。大人が自分を振り返り自己を改革しなくて，子どもの変化や発達はないと，古澤先生から教わり，これは今日までの筆者の臨床の基礎になりました。古澤先生は妊娠中から，一人ひとりの子どもと周囲の関係性の世界を成人するまで観察し続け，その成果を1986年に**「見えないアルバム」**（彩古書房）の本にまとめられました。その題は**谷川俊太郎**の「見えないアルバム」という詩から採用したものです。そこには赤ちゃん観察の本質に通じる人と人との関係性の世界が詠われています。

「見えないアルバム」　谷川俊太郎

私は信じない
F八・六十分の一秒の
機械の正確さを
その瞬間はもはや今ではないから

私は信じない
きれいな表紙の育児日記の
丹念な文字の跡を
そこではきみは生きてられない

私は惜しみなく
時を過ぎさるにまかせ
きみを生きるにまかせる

ともに笑いともに争い共に生き
きみを私の心と体に刻みつける
それがきみを記録するただ一つの方法だ

「きみを私の心と体に刻みつける　それがきみを記録するただ一つの方法だ」というこの一文は，赤ちゃん観察，乳幼児観察の本質，そして人が共に生き，出会うことの本質であると思います。

VI　乳幼児観察：筆者の体験から

　筆者は1990年に，英国でビックの創始した「乳幼児観察」の研修を受けました。人の心への感性を磨く研修として，「乳幼児観察」は今や国際的に，精神分析や精神療法の専門家の基礎研修になっています。(Bick 1948) 筆者は夫の留学に同行し，思春期の息子と娘を連れてシベリア鉄道で渡英し，タヴィストック・クリニックの扉をある日叩いたのです。

筆者は**ホプキンズ**（Hopkins, J.）先生と**ドーズ**（Daws, D.）先生，と**アルバレズ**（Alvares, A.）先生の二つの乳幼児観察コースに参加しました。セミナー参加者は，乳幼児研究者，言語療法士，保健師，社会福祉士，産院の助産師など多職種です。筆者だけがいつまでも赤ちゃんが見つからず苦労し，数カ月後にやっと産休中の助産師が家庭訪問を承諾してくれましたが，セミナー仲間が一緒に喜んでくれたのを覚えています。

　家庭訪問の赤ちゃんの家は南ロンドンの庶民的な住宅街にありました。毎週月曜日の午後に通い，観察を終えるとすぐ近くのカフェーで，見たままを書きあげました。1時間の観察の記録には数時間かかりました。学歴や職業を忘れて素の自分になり，じっと観察してその直後に書きあげます。毎週90分間，順番に自分の乳幼児観察記録をセミナーで報告し，リーダーと仲間で話し合います。

　たとえばセミナーリーダーから次のような指摘を受けると，研修生は目から鱗の体験をします。これはアルヴァレズ先生という鋭い乳幼児観察セミナーリーダーと研修生のやりとりです。

　　研修生：「その日私が家庭を訪問すると，生後6カ月の坊やはお父さんに抱かれていた。父子は台所にいて，私は傍の椅子をすすめられて座った。そのとき坊やは，私の方を向いていたが，視線は私を素通りしてその先を見ていた。何だろうと思い振り返ると白い壁があった。お父さんが『この子は何を見ているのだろう？』と呟いた。私は『この白い壁かしら？』と答えた」このとき，アルヴァレズ先生はすかさず指摘しました。「その言葉は今ならどう思う？」観察者が答えられないとアルヴァレズ先生は続けました。「その子がぼーっとどこかを見ているとき，白い壁か，と思うのはあなたの気持ち。でも果たしてそうだったかしら？　その子は，空にうかぶ塵の動きをみていたのかもしれない。ただぼーっとしていたかもしれない。なにかを思い出していたかもしれない。その子にしかわからない世界であることを，もう少し丁寧に考えて観察してみたらどうかしら。その子のことは，決して誰もわかるはずがないのだから，決めつけてはならない。大人がわかったような気で軽く発言することは，その子の無限の可能性に対して失礼なことになる」（Zhang, 2016）

アルヴァレズ先生の本質を見つめようとする姿勢や，ものいえぬ相手への謙虚で真摯な姿勢がよく示されていました。

　このように乳幼児観察では，偏見のない目でひたすら赤ちゃんを観察し，同時に自分の中にわきおこる気持ちの流れも振り返ります。これを続けるうちに，今まで気づかなかった自分の心の動きが，少しずつ追えるようになります。意識や言葉ではない内臓感覚レベルの感じ方で。

1．こころの井戸

　心を井戸にたとえると，ふだん井戸の表面の意識でいる自分が，井戸の深い部分にアンテナをはり，深いところも見えるようになることです。自分が赤ちゃんだった頃の記憶がわきあがり，ふだんとは違う原始的な不安に駆られたりします。たとえば以下の家庭訪問でのエピソードがあります。

> 　　ある日の家庭訪問では，生後 10 カ月の坊やが昼寝をしていました。母親は，「せっかく来ていただいたのに寝ていて残念。私もすることがなくて暇をもてあましていたの。隣の部屋でお話ししましょう」と筆者を誘いました。二人は隣室で座り話し合う中で，母親は次のことを語りました。
> 　　「私が 8 歳のときに弟が産まれて，お母さんが入院している間私はお父さんと二人で留守番をしていたの。私はお姉さんになることが楽しみで，早くお母さんと赤ちゃんが退院してきて欲しかった。するとある日お父さんが帰ってきて『弟はね，生まれたけれど，すぐに神様のところに戻ってしまったんだ』と話してくれたの」
> 　　母親の話に，筆者は言葉を失いました。するとそのとき，隣の部屋から「ギャーッ」と天をつんざくような叫び声があがりました。赤ちゃんが目覚め，母親がいないので叫んだのです。今まで聞いたことのない異様な声でした。母親がすぐに駆けつけ，抱き上げておさまりましたが，筆者はこの瞬間の深い悲しみが焼きつきました。

　この母親は産休中の助産師で，8 歳のときに楽しみにしていた弟が，生まれて間もなく亡くなっていたのです。両親と自分の家族の喪失体験は，

幼い少女に刻み込まれたに違いありません。それが助産師の道を選ぶことにつながったかもしれません。母親は素朴な優しい人柄で，掌手は大きくお産にむいていました。父親はソーシャルワーカーで，別の機会に母親から聞いた話では，幼い頃に里子にだされていました。母親はその生い立ちを思いやり，結婚後もすぐに子どもを創らず，夫婦水入らずの期間を十分にもったといいます。実母から離れて見知らぬ家庭で育てられた父親を，母親は亡くした弟と重ね合わせて慈しんでいるようでした。お互いのトラウマをねぎらい合う夫婦のもとに生まれた坊やでした。その子が昼寝で母親の届かない世界にいるとき，母親は筆者に8歳の出来事を語ってくれたのです。赤ちゃんの不在が母親の喪失体験を想起させたようでした。

2．観察者の無意識と乳幼児観察のひびき合い

　乳幼児観察と同じときに，筆者は英国精神分析協会の分析医に毎日分析を受けていました。毎月曜の午前に分析を受け，午後に乳幼児観察に出かける週間スケジュールでした。ある月曜日の朝，筆者は不思議な夢を見て分析家に報告しています。

　　「今朝みた夢に乳幼児観察で家庭訪問している赤ちゃんに似た子が現れた。その子は白く透き通るようなやわらかい腕を，むしゃむしゃ食べていた。日本のふろふき大根という，輪切りにしてゆでた柔らかく透き通る大根のようだった」と。するとふだんはもの静かな分析家がすぐに次のように解釈しました。「週末には毎日分析がお休みになる。あなたはひもじい気持ちになって，それで自分の体を食べてしのごうとしていたのでしょう」

　それを聞いて筆者は，そうか，夢の赤ちゃんは午後に会いにいく子と思い込んでいたが，私の心の奥の乳幼児期の生命記憶としての赤ちゃんなのかと納得しました。乳幼児観察と毎日分析はこのように，共に心の深層をゆさぶるものです。

Ⅶ　乳幼児精神保健にいかす乳幼児観察

　今日，欧米でも日本でも，親子の生活はストレスに満ちています。育児は幸せな瞬間もあれば，へとへとになる瞬間もあります。特に日本では世間の目が母親をしばり，母親は孤立し緊張しがちです。むしろ貧しかった戦前，戦後の日本の方が「お互いさま」や助け合いの気持ちが地域にありました。母子家庭，父親不在の家庭，ＤＶの伴侶に苦しむ家庭など，保育現場には大きなストレスを抱えた家庭から乳幼児が通ってきます。一人ひとりのものいわぬ乳幼児を，場所や時間を問わずしっかり観察して心にためる姿勢は，乳幼児の言葉にならないストレスやトラウマをいち早く察して思いやる姿勢につながり，乳幼児精神保健の一次ケア，つまり予防になります。

　乳幼児は日々ストレスを乗り越えながら発達しています。養育環境のストレスが人知れずに続くと，誰にも守られない乳幼児には「**累積トラウマ**」や「**ゼロプロセス**」に襲われます。

1．累積トラウマと大トラウマのゼロプロセス

　乳幼児は幼ければ幼いほど，周囲の異変を敏感に察知し，生き物の防衛反応を示します。生体防衛メカニズムの最も原始的な「**闘争－逃避反応**」は乳幼児にも当てはまります。**フライバーグ**は乳児防衛を研究し，無理なストレスを受ける乳幼児がぎゃんぎゃん泣き続けたり，声もなくひきこもる防衛行動を示すとき，体，脳，心の発達が歪み，愛着障害にいたることを観察し，早期介入を試みました（Fraiberg, 1972）。

　震災，虐待，性被害や**ドメスティックバイオレンス（ＤＶ）**，親との離別，死別は，乳幼児には不意を打つショックな出来事とで，大きなトラウマとなります。その衝撃で心はゼロプロセスに陥ります。ゼロプロセスは心が凍りついた状態を示し，トラウマの瞬間のまま生きる世界が止まってしまうような状態です（Fernando, 2009）。脳の発達は阻害され，癒えない傷を与えられることが近年の脳画像研究でも証明されています。

その一方，見えにくいストレスが日々人知れず累積していく「累積トラウマ」があります。親の忙しさ，経済的困窮，頻繁な生活環境の変化，目の前の両親のけんか，不安定な母親による密室の育児などからくる強い慢性的ストレスにあたります。累積トラウマを受けた子は，本音をのびやかに発揮することができず，「**偽りの自己**」と呼ばれる大人に都合のよい大人しい子になります。自己不全感をかかえたまま，思春期を迎え，心身症や行動障害を発症するリスクがあります。そうなる前に「偽りの自己」を見抜く観察眼をもつ保育士，保健師や小児医療従事者の養成が必要です。乳幼児期のトラウマが広く，保育園の保育士や幼稚園の教師に知られることが必要です。

2．病院での危機介入

病院ではしばしば，赤ちゃんの病気や障害の診断を告げられて，親が打ちのめされるとき，乳幼児も本能的に母親の変化を察知し，強いストレスからゼロプロセスに陥ることもあります。打ちのめされた母親に抱かれた乳幼児のほとんどが，緊張し無表情となり，凍ったように体を固くし，声をださなくなります。そのままこの状態が続くと，母子関係と乳児の脳の発達が阻害されるので，緊急に母子双方を守るための危機介入を行います。

ケース1：生後7カ月の視力障害の男児

生後7カ月の男児が進行性視力障害と将来の失明のリスクを告げられました。母親はひどく落ち込み，その思いつめた様子を心配し，病棟スタッフが筆者に連絡をしてきました。筆者がすぐに病室を訪ねると，ベッド柵の中の坊やはにこりともせず，母親の横顔を凝視しています。「病棟スタッフがあなたを心配して私に連絡をくれました。少しここにいていいですか？」と筆者が話しかけても母親は上の空でした。「かわいい坊やの目のことで衝撃を受けるのはもっともです。でもこれはあなたのせいではありません。坊やを思う気持ちが深いほど，衝撃は大きいでしょう。坊やはお母さんの様子がわかるようですね。あなたをみつめる瞳は心配そうです」このとき初めて母親は，坊やの目を見てはっとしました。そこで「あなたの嘆きでお母さん坊やの心までつぶされたら

大変。目のことは医者にまかせて，お母さんが坊やの心の目を明るくしてくださいね。それができるのはお母さんだけですから」と伝えると，母親は坊やを抱きしめ，涙を流して言いました。「心配させてごめんね。お母さんは頑張るから」翌日の病室で，母親はけなげに坊やと遊び，笑い声が聞かれました。

　この危機介入により，母親の落ち込みが，坊やの中に累積トラウマを生じることを防ぐことができました。母親は嘆く場所を別に定め，そこで思いのたけを泣いてすっきりした気持ちでわが子とふれあいました。

ケース２：先天性黒皮症の男児

　生まれた次男の胸と背が黒い皮膚に覆われていることに衝撃を受けてゼロプロセスに陥った母親がいました。先天性色素沈着症との診断でしたが，誕生直後から母親だけでなく父親とも話し合い，父親がしばらく休職して母親を支え，着実に母親はたちなおっていきました。しかし生後11カ月のある診察で，まだまだ母親支援が不十分であることが明らかになりました。

　　その日母親の胸に抱かれてやってきた坊やは，すやすやと眠っていたので床のマットの上に寝かせ，その間筆者は母親から日常の報告を受けていました。やがて坊やは目をさまし，診察室をみまわし，筆者と母親をみつけました。すぐにハイハイでまっしぐらに，母親ではなく筆者に近寄ってきました。これには戸惑いました。人見知りの時期に，まず母親に向かうと想定されたからです。筆者はこの子に毎月会っていて，母親と仲良い時間を過ごしていました。この子が母よりも筆者を選んだのは，筆者の方を明るく楽しい人でなじみやすいと感じたのでしょう。この行動は，子どもが，母親はまだまだ十分には明るくない，ということを教えてくれました。私たちの想像以上に母親のトラウマは深かったのです。母親にもっとしっかり応援して，とこの子が伝えてくれていると思いました。筆者はそれをヒントに反省し，母親の支援体制を強化しました。お母さんのつらさを十分に理解できていなくて申し訳なかった，という気持ちで，皆で声をかけ，ねぎらい，話し，共に涙を流しました。やがて母親は坊やを育

てあげることへの覚悟が定まり，坊やはとてもよく甘えるようになりました。今では元気溢れる小学生です。

　このようにものいわぬ乳幼児が発信してくる，非言語的なコミュニケーションを受け止め，その意味や意図をよく理解することにより，保育士や保健師は，その子に今一番必要な対応を考えることができます。

3．震災後の危機介入
　東日本大震災の直後の東北では，大トラウマによる乳幼児のゼロプロセスがいたる所で認められました。福島第一原発事故から避難した家族は，ほぼ皆大きなトラウマを受けていました。郡山市小児科医の**菊池信太郎**先生によると，被災の少ない内陸部の子どもたちも，やんちゃだった子が震災後に急に大人しくなったり，肩こりを示しているとのことでした。東日本大震災では震災後の長い復興の道のりにより，家族の苦労は予想外に大きく，大トラウマに累積トラウマの重なる子どもたちに多く出会いました。筆者は震災直後の福島県郡山市の避難所や，1 年後に岩手県の宮古市での被災した親子と出会いました。

ケース 3：避難所の生後 2 カ月の女児
　2011 年 3 月 21 日の東日本大震災の 10 日後に，筆者は福島県郡山市の避難所を訪れました。放射能の雨が降り，原発事故から避難した沿岸部の県民家族が，市の児童館の 2 階に避難していました。3 階には赤ちゃん専用の日本間があり，筆者と同僚は，静かな 3 階には誰もいないと思い込み，襖をあけてのぞきました。すると緊張しきった母親と目が合いました。「びっくりさせてごめんなさい」と筆者らは不意打ちをわびました。その母親はふくよかな女の赤ちゃんを抱いていました。筆者は赤ちゃんの後ろ姿が背筋がぴんとのび，しっかり首が座っていて，生後 3 カ月以上かと思いました。「お子さんはおいくつですか？」と母親にたずねたとたんに，その子はすぐに振りむき，賢そうな瞳を輝かせて筆者をじーっとみつめました。「生後 2 カ月です」との母親の答えに筆者は驚きました。そして「まあーかわいい！」とその子に笑いかけました。その

子がぱっーと目を輝かせたので，筆者が舌をならしてあやすと，なんと全身で笑い転げたのです。それは予想外の反応でした。筆者は面食らい，自分の出すぎた関わりで，母親を傷つけたのではないかと，申し訳ない気持ちに駆られ，咄嗟に次のようにその子に語りかけました。「あなたはいいわね。ママが寝ないであなたを守ってくれているから，このおばちゃんにこんなに笑えるんだ」すると母親は涙を目に浮かべました。きっと一心不乱にわが子を守り続けてきたのでしょう。その子は母親にすっと向きなおり，じっと涙目を見つめました。母親が優しい声で「大丈夫よ」というと，その子は母親の胸に顔を埋めました。

原発事故から8日間，うら若いこの母親はわが子を抱き，大きなトラウマのゼロプロセスを生きていたのです。この子の早熟なまでにしっかりした目つきと首の座り方が，壮絶な危機を生きのびてきた緊張感を表しているようでした。そこに，おもわぬ筆者らの声がして，久しぶりの普通の人の声だと感じ，この子はほっとして，はじけるように笑い転げたのでしょう。生後2カ月の乳児が，母親の危機感と同調して生きている事実を教えられる体験でした。もし母子が，そのまま緊張のあまり凍りついたように息をひそめて生き続けていたら，どうなっていたでしょう。今その子はもう7歳近くになるはずで，どこでどんな風に生活しているのかとよく思います。

ケース4：生後5カ月で津波にのまれた男児

岩手県の沿岸部の漁村で，東日本大震災の津波に呑まれて奇跡的に生還した母子がいました。生後5カ月のその子は，母親の胸にくくりつけられたまま津波に呑まれました。津波が引き，その子が大声で泣き，その声で母親が意識をとりもどしたのです。すぐに救助され，内陸の病院にヘリコプターで搬送され，2週間の精査を受けた結果，無事退院しました。でも病院の玄関で押しかけたマスコミのカメラのフラッシュに，その子は能面になりました。地元は瓦礫の山で，狭い仮設住宅に住むしかなく，地域のすべての住民と同様，母親も言葉にならない複雑なストレスと葛藤の中で暮らしました。その翌年の夏に，その子は1歳半を過ぎていたのに，発語

はなく視線は合わず，発達の遅れと歪みを示していました。

　筆者は地元の小児科医師と内陸から定期的に支援にくる児童精神科医の依頼で，その子の診察に出向きました。生まれつきの間主観性の能力の弱い自閉性スペクトラムなのか，津波に呑まれたショックとその後の一連のストレスが重なり，発達が停止し，歪んだ状態かをまず見定めようとしました。その時ビックの乳児観察は乳幼児精神保健の関係性のアプローチと共に役立ちました。

　　小児科医院のプレールームに，その子はおんぶでやってきました。挨拶すると視線は合わない反面，手足が元気よくはねました。関われるのはいやではなさそうで，声がけへの拒否はありません。母親がとても暗い表情でした。筆者はそこでフライバーグの乳幼児−親精神療法の危機介入を行いました。それはその子のかすかな反応をよく観察し，まずこちらがその動きに波長を合わせて寄り添います。すると少しずつ仲良い雰囲気が生まれました。筆者の声のリズムとメロディーを，その子の体の動きと響き合うようにしました。背をむけて手をひらつかせる常同行動を示していて，窓のブラインドの縞模様に惹かれていました。好きなものをみつけて近寄りながら，自分の居場所を探しているのでした。そうやって未知の部屋を探索する姿に楽しい雰囲気で寄り添いました。「おもしろいね。もっとやりたいね」と囁くと，その子はいやがりません。好きそうな木のおもちゃの列車をそっとさしだしてみたら受けとりました。自分から誰かと遊ぼうとはしなくても，自分に温かく寄り添う人に反応するのです。次第に嬉しそうな瞳になり，ちらりと筆者を見ました。笑みかえすと，ちらちらとまたこちらを見て，その回数が増えていきました。かすかなやりとりが生まれるうちに，瞳が生き生きとし笑顔がでてきました。そのとき母親は身をのりだしてみてました。「だんだんなれて，うちとけてきましたね。おもちゃで遊び始めましたね。津波とその後の大変な生活で，お母さんも僕もくたくたになり，僕の発達にブレーキがかかったのでしょうか。遅れていても，よくみると，発達したそうな意欲の芽がみられますね。おもちゃは自分からいじって遊んでいます。お母さんどう思われますか？　これから発達しようとしているようですね」。すると母親は，ほっとしてうなずき，初めて笑みを浮かべました。するとその子

はその気配を察知して，母親にかけより，なんと自分の顔を母親の膝にうずめたのです。その子もお母さんの笑顔にほっとし，こういうお母さんが大好きと全身で表現しているようでした。一緒に観察していた先生がたと保健師も，この子の様子の手ごたえから，発達障害ではないことを確信しました。津波とその後の無数のストレスによる累積トラウマとゼロプロセスのからみあう一時的な発達停止でした。そこへ母親の不安と周囲の戸惑いが悪循環の混乱を生じ，状態の改善を難しくしていました。保育士と保健師は小児科のもとでチームを組み，児童精神科医が家族相談を着実に行いました。筆者らはその後も年に1回定期的に親子に会い，フォローし続けました。5年後には発達の遅れや偏りが改善され，6年後には健やかな小学校2年生に成長し，問題は跡形もなく消えていました。二人の弟が生まれ，やさしいお兄さんに成長し，兄弟とも友達とも活発に遊びました。母親は見違えるように明るくなりました。母親のもともとの明るい性格が回復し，困難を生きのびて3人の子どもを育てる日々の中で，大きな成熟をとげていました。

このように被災地の親子への介入も，まず頭をからっぽにし，その場でともに生きながら全感覚ごとあるがままをとらえる観察が基本でした。谷川俊太郎の「みえないアルバム」の詩にあるように，共に過ごした時の中で母子を自分の体と心に刻みつけることこそ大切であると実感しました。

Ⅷ　おわりに

ものいわぬ乳幼児の心の世界の理解は，内省を伴う観察から始まります。出会いの瞬間に観察したことを脳裏に刻むと，その記憶はそこで終わることなく，その後もことあるごとに思い出されます。何年後かに初めて，その観察の全体状況が理解されたり，あの時のあの子の不可解な反応は，こちらの不安のせいであったかもしれないなどという新たな気づきもあります。いろいろな親子に取り組む保育士や保健師は，ビックの乳幼児観察の基本を一つのヒントに，日々丁寧な観察をつみかさね，人生早期の関係性の世界の観察から，専門性を磨くようお勧めします。

文　献

Barnard, K.E.（2015）In The Program for Celebrating the Life and Legacy of Kathryn Barnard. p.2.
Bick, E.（1987）Notes on infant observation in psychoanalytic training. In Williams, M.H. Ed. Collected Papers of Martha Harris and Esther Bick. The Clunie Press, pp.240-256.
Bowlby, J.（1961）Maternal care and mental health. Geneva, World Health Organization（1951）．（黒田実朗訳（1962）乳幼児精神衛生．岩崎書店）
Fernando, J（2012）Trauma and the zero process. Canadian Journal of Psychoanalysis, 20; 267-290.
Fraiberg, S（1983）Treatment modalities. In Call, J.D., Galenson, E., Tyson, R. Eds. Frontiers of Infant Psychiatry. Basic Books, pp.56-73.
Freud, S.（1920）Beyond the pleasure principles. In Richards, A. Dickson, A. Ed. On Metapsychology: The Theory of Psychoanalysis（The Penguin Freud Library Volume 11）．Penguin Books, pp.275-286.
古澤頼雄（1986）見えないアルバム．彩古書房．
Malloch, S., Trevarthen, C.（2009）Communicative Musicality. Oxford University Press.
三木成夫（1983）胎児の世界――人類の生命記憶（中公新書691）．中央公論新社．
三木成夫（2013）内臓とこころ（河出文庫）．河出書房新社．
Papousek, H. & Papousek, M.（1987）Intuitive parenting: A dialectic counterpart to the infant's integrative competence. In Osofsky J.D. Ed. Handbook of Infant Development（2nd Ed）．John Wiley & Sons, pp.669-720.
Reddy, V.（2008）How Infants Know Minds. Boston, Presidents and Fellows of Harvard College.
Robertson, J. & Robertson, J.（1989）Separation and the Very Young. Free Association Books.
佐伯胖訳（2015）驚くべき乳幼児の心の世界――2人称的アプローチからみえてくること．ミネルヴァ書房．
Stern, D.N（1985）The interpersonal world of infant: A view from psychoanalysis and development psychology. Basic Books.（丸田俊彦訳（1990）乳幼児の対人世界．岩崎学術出版）
Van der Kolk, B.（2015）The Body Keeps the Score: Brain, Mind, Body in the Healing of Trauma. Penguin Books.
Weatherston, D. & Osofsky, J.（2009）Reflective Practice. Infant Mental Health Journal, 30; 573-578.
渡辺久子（1989）エムデ．別冊発達9　乳幼児精神医学への招待．p32-41, p50.
渡辺久子（2016）新訂増補　母子臨床と世代間伝達．金剛出版．
渡辺久子（2005）発達精神病理の解明をめざした未熟児－親コミュニケーションの基礎研究（課題16501160）．平成16年度～平成17年度科学研究費補助金（基礎研究（C））研究報告書．
Winnicott, D.W.（2005）Playing and Reality. Routledge.
Zhang, Y.（2016）タヴィストッククリニック乳幼児観察セミナー研修生（私信）．

第 10 章
20 年の赤ちゃん観察を振り返ってみて

1980〜1990年代にタヴィストック・クリニックに留学して，赤ちゃん観察を経験した日本人医師や臨床心理士は帰国すると，赤ちゃん観察がこころの問題の治療者に大切な訓練であることを講義や論文で説いてきました。母－乳幼児療法で国際的に高く評価されていた小児科医，**渡邊久子**が赤ちゃん観察を学ぶためにロンドンに留学，1993年に日本の地で初めて赤ちゃん観察セミナーを発足させたことは，赤ちゃん観察への関心を大いに高めることになりました。

　その当時1990年代の日本では，幼児への虐待やネグレクトが大きな社会的問題になっていて，子どもの治療者や子育てに悩む母親の支援者たちにとって，赤ちゃんと母親との関係は仕事の現場での目前の切実な問題でした。そうした問題に関わって援助するためには理論的な知識だけでは不充分であって，体験を通して学んだ赤ちゃんのこころの深い理解が必要になります。なぜなら援助する専門家の人たちは，母子の間の感情の渦に巻き込まれながらも，共感的に理解していかなければならないからです。家庭で観察して情緒的にインパクトを受けながら，赤ちゃんのこころを理解しようとする赤ちゃん観察はこうした時代の期待とニードに応える学びの方法であると感じられたのです。

　しかしながら，赤ちゃん観察を日本で実施するとなると，さまざまな困難がありました。渡邊の観察セミナーは残念ながら2年間のグループが1回行われただけでした。私も1980年代タヴィストックでの赤ちゃん観察から多くを学んだので，東京で観察セミナーを開きたいと思いつつも，実際に始めたのは帰国8年後の1995年のことでした。その後さいわいなことに，2年間の観察セミナーを10回以上重ねてくることができました。その困難な過程で，やはりタヴィストックで観察を学んでその重要性を理解した児童精神科医の**木部則雄**のサポートは重要でした。さいわい最近の10年間では，東京では**脇谷順子**，関西では**平井正三**，**鵜飼奈津子**などが赤ちゃん観察セミナーを主宰されているように，東京，大阪，名古屋などの大都市では定着しつつあります。赤ちゃん観察を行うとなると，毎週1回2年間にわたって家庭に入れてもらって，お母さんにケアされている赤ちゃんを身近に見るわけですから，当然社会文化的な困難がつきまといま

す。それがどのようなものであり，どう乗り越えられて観察がなされてきたのか，とりわけ見られることに関する日本文化に固有と思われる問題がどのように表わされてきて，それがどのように解決されてきたのかについて，観察経験を振り返ってみたいのです。

それだけでなく赤ちゃん観察の中で，日本の母子関係と赤ちゃんについて「発見されたこと」についても反省し確認してみたいのです。ここで話すことは赤ちゃん観察セミナーの参加者の皆さんとの討論と思考を通して実現されてきた，赤ちゃん観察の歴史です。それは日本で赤ちゃん観察を行うとき，誰もが直面する困難と思われるので，それに対して私たちの理解と対処の仕方の歴史を語りたいと思います。

I　観察が母子関係に及ぼす影響についての不安

観察セミナーにおいて，赤ちゃんを観察しようとした参加者が，まず抱いた疑問は，観察することによって，自然な母子関係に何か悪い影響が及ぼされるのでないかということでした。母子のきわめて親密な関係を身近に観察する／観察されることは日本では普通ありえない体験です。日本の母子関係は密着したものであるから，母親や家族は観察されることを了承しないのではないか，それのみならず自然な母子関係が観察者の存在によって妨げられるのでないか，という不安でした。母子一体感と肌のふれあいが重視される赤ちゃんと母親の関係は，距離をとった観察と相容れないだろうし，観察者の存在によって緊張する母親は赤ちゃんと自然な関わりができなくなると思われたのです。

観察セミナーを始めるか迷っていた頃，私は小児科医の**松田道雄**による岩波新書『私は赤ちゃん』を読んでいます。赤ちゃんが主人公で，生まれてからの自らの体験を語る形で，いろいろな項目ごとに赤ちゃんの世界を描いています。その中で「ママ」については「忠実な観察者」と小見出しで述べています。ちなみに「パパ」は「私とあそんで」と書かれています。

現在もよく読まれている『育児の百科』の著社者であり，『日本式育児法』という書も著わしている松田先生にとって「ママ」とはおっぱいでも抱っ

こでもないことは驚きでしたが，開業医として，病気の赤ちゃんの診断に必要な情報は診察室での観察よりも，家庭におけるママの観察の方が精確で診断の助けとなることを強調しているように思われました。でもよく考えると，松田先生は病気だけでなく，赤ちゃんのこころの状態を母親が忠実に観察していること，そして主人公の赤ちゃんは母親がよく観察していることを知っていることを述べていたのでしょう。そのように私は読みとれませんでした。

　もちろん日本の母親も赤ちゃんを観察するでしょう。スキンシップが大切にされると言っても，たとえばおっぱいが欲しそうな表情やしぐさをしているかを見て，授乳するかどうかを決めるでしょう。それでも見ることは，赤ちゃんの欲求に応えて何かしてあげることと直結していて，それは欲求や不安などの気持ちを見て理解していくこととは違います。

　問題は，子育てに「何も手出しをしないで」赤ちゃんをよく見ることが受け入れられるかということでした。母親にとっては，子どもの世話に追われる自分の気持ちなどわからずに，他人事として見る観察者はやはり緊張感を引き起こす存在だろうし，それは赤ちゃんへの関係に影響するのではないだろうか，という疑問は観察から学ぼうとするセミナー参加者につきまとった疑問でした。そんな観察に協力してくれるお母さんはいるのでしょうか。

　逡巡している最中に私は，当時東京で立会い出産をしている数少ない産科病院の産前教室に参加させてもらって，その終わりの5分間をもらって夫とともにいる妊婦のお母さんがたに赤ちゃん観察の話をして協力を呼びかけてみたのです。驚いたことに，何組ものカップルが興味を示してくれたのです。これに元気づけられて私は観察セミナーを立ち上げたのですが，実際，観察希望者は産科医の先生の協力を求めたり，知り合いのツテで妊娠中のかたを探したりして，結局はみんな赤ちゃん観察に協力してくれるお母さんに出会うことができたのです。

II 母親の見られる不安を考える

　協力してくれる母親（父親）と出会ったとしても，それは出発点に過ぎません。家庭における赤ちゃんと母親との関係を観察するのですから，家の中に入れてもらわなければなりません。私たちにとって家は物理空間的な家屋であるだけでなく，ソトから区別されたウチであって，身内の関係が営まれるところです。その最たるものである母子関係をよそ者である観察者がウチに入って身近に観察するのですから，観察者に見られたくない気持ち，見られることの不安があるのが当然でしょう。しかも観察は観察者の勉強のために行われるのであって，お母さんや赤ちゃん，そして家族にとって直接にメリットになることではありません。それなのに赤ちゃん観察に興味をもって協力してくれるというのは驚くべきことのように思われます。

　赤ちゃん観察が日本で可能になったのは，社会文化的変化があったからだと言えます。1980年代終わり頃ベビーシッターへの社会的需要が出てきて，よそ者がウチに入れられて，赤ちゃんのケアを任されるようになってきました。それはソトで働く母親の代わりに赤ちゃんを家で世話してもらうためでしたが，少なくとも大都市ではウチとソトとの関係性に変化が生じてきていて，観察者がウチの中に受け入れやすくなったと思われます。

　赤ちゃん観察のためにウチの中に入れられても，お母さんが受け入れてくれる位置と態度を観察者は見出さなければなりません。「母親が彼女なりのやり方で家庭の中に入れてくれるのに，観察者は従わなければならない」ということはイギリスでも日本でも強調されることです。ヨソ者がウチの中に入って観察するのですから，ウチの中に「居場所」などないように思われたのですが，母親が受け入れてくれる関与の仕方で，しかも観察していくことができることがわかりました。

　それを可能にするうえで重要なことは，観察の枠組みと態度を観察者が保つことでした。それは「正しい」観察的関与の仕方を適用することでは

なくて，個々の家庭と母親が受け入れてくれる居場所と関与の仕方を見出していくことです。実際は，観察の中でつい侵入的で不適切な態度をとってしまうならば，どうしてそうしてしまったのか，観察者を突き動かした無意識的な感情はなんであったのかを観察セミナーで話し合って考えることによって，観察者は微調整しながら適切な位置と態度をとって，母と子の関係を観察していけることがわかってきたのです。

　授乳は母子の交流の中心ですし，観察のはじめの頃は観察の焦点ですが，お母さんによってはおっぱいの場面を見せてくれないことがあります。背を向けて授乳したり隣の部屋に行ったりして授乳するのです。その場合，大切なことは，お母さんの授乳を見せたくない，見られたくない気持ちを尊重して，しかし見せてもらえないときの観察者自身の感情反応に注意して考えることによって，見られたくない母親の気持ちがわかってくることもあります。授乳場面を見せてくれないにせよ，観察者を受け入れてくれている母親の面を，観察者とセミナーが見落とさないことは重要なことです。そうしていると最初見せてくれなくとも，やがて授乳を見せてくれることもよくあることでした。

　お母さんが観察者を受け入れてくれる理由の一つは，赤ちゃんに関心を持ちつつも，お母さんの不安に観察者が耳を傾けることがわかってくるからだと思われます。大変な思いで子育てをする母親の気持ちをわかろうとするから，観察者が身近な存在として感じられるからです。それでいて観察者は助言したり批判したりしませんから，口うるさい身内に言えない不安も打ち明けやすいのでしょう。

　もっとも観察者への母親の気持ちは複雑です。私たちがそう感じたのは，観察者が都合で観察をお休みにしてもらったりすると，次回は母親の都合などの理由でキャンセルされることが多いことです。観察者がお休みをとると，お母さんは頼りにしていた気持ちが傷つけられたと感じると思われます。心のあるレベルでお母さんは赤ちゃんのように感じやすく，観察の休みによって自分が放置されたかのような気持ちを抱きやすいことがわかってきました。

　数回の観察セミナーを続けた頃，観察セミナーでよく討論されたテーマ

は，観察者が母親の言うことに耳を傾けていると，赤ちゃんを観察できなくなるという問題でした。赤ちゃんばかり見ていると，私のことも見てよという気持ちが母親に起きてきて，観察者が母親の話に心を奪われていると，赤ちゃんがどう反応し振る舞っていたのかが観察できなくなってしまうのです。それはあたかも赤ちゃんか母親かという二者択一であるかのように感じられたのです。この観察者のジレンマがセミナーで話されて，観察者が赤ちゃんに集中して母親を無視していなかったか，母親がどんな気持ちになっていたかについて考えられると，観察者は母親の話を聴きながらも，赤ちゃんを見失わないようになれることがわかってきました。

しかし孤立した母親が自分は誰にも見てもらえてないと感じていて，赤ちゃんに関心を向ける余裕がないと思われるとき，母親の話をもっとよく聞いた方がいいと観察セミナーで考えられたこともありました。その場合，観察では一時的に赤ちゃんはネグレクトされることになりましたが，観察者によって自分の不安が抱えられたと感じた母親は，赤ちゃんに関心を向けることができることも経験してきました。母親が大人としての自分を取り戻して，母親のこころの機能が回復されることを，私たちは観察を通して学んだのです。

Ⅲ　赤ちゃんを見る観察者の不安

赤ちゃん観察の主な目的が，赤ちゃんの原初的不安に出会うことであるとされることは第1章で述べた通りですが，観察者にとってそれは容易なことではありません。この振り返りでは赤ちゃん観察の困難として，母親の見られる不安に焦点を当てて考えてきましたが，原初的不安に出会う観察者の不安がどのような形で表わされて，観察セミナーではその困難にどう対処してきたのかについて述べてきませんでした。

その主な理由は赤ちゃん観察を日本で開始し継続していくためには，観察者と母親との関係が実際に重要であることに加えて，赤ちゃんの原初的不安よりも，それに対処する母親の不安の方が私たちには考え理解しやすかったからだと，今では思われます。先に述べた「母親か，赤ちゃんか」

という疑問は，母親の不安への関心から赤ちゃんの不安に観察者が関心を向ける企てだったと考えられますが，同時にその困難の表れであったとも言えます。

　赤ちゃん観察では「普通の」家庭での母子を観察するように勧められますが，家庭に大きな問題があるならば，母親は赤ちゃんに充分な関心を向けられないので，母子関係に問題が生じることになり，母子の不安に直面しながら観察していくことが困難になる可能性が強まるからです。

　日本で観察してみると，非常に協力的な両親の家庭においても，時に観察が不安に満ちたものになることを経験してきました。父親の子育てへの関与が少ないことは周知の事実ですが，実家からも周囲からも母親が孤立している場合，母親自身不安で緊張しているので，赤ちゃんも不安になって泣きやすく，そうした状況では赤ちゃんが求めるものと母親が与えるものが食い違って，ネグレクトや虐待に近い母子関係を観察することもまれではなく，観察者は赤ちゃんの強い不安に直面することになってしまいます。

　それのみならず，観察者が大きなトラウマを幼いときに体験しているならば，その無意識的記憶が観察によって刺激されるので，観察者の不安はとても大きくなってきます。そうした観察者を抱えるのが観察セミナーの役割ですが，セミナーの抱える機能が充分に働かなくなって，不安な観察者をサポートできなかったことも経験してきました。

　タヴィストック・クリニックでは赤ちゃん観察の参加者は訓練の一環として心理療法を受けていることが多いし，観察中の不安があまりにも強くなったら，リーダーによって心理療法が勧められることもあります。日本の場合，観察者が心理療法を受けることは当然のことと考えられていない現実がまだあるので，観察セミナーの役割はとりわけ重要になります。観察で生じた不安を観察セミナーでの話し合いで理解されるならば，赤ちゃんの原初的不安を観察者はこころに抱えていくことができます。また観察者のこころの中の赤ちゃんの不安についても考えられるようになるので，観察者にとっても自己理解を深める体験にもなりえます。

　もっとも観察者がサポートされず苦痛な思いで観察をしていったことも

ありました。それを痛感させられた観察セミナーの経験をここで話したいと思います。観察された赤ちゃん（Kちゃん）とお母さんとの関係は不安に満ちたものでした。女性の心理士である観察者が，妊娠中の母親（と父親）に会ったときは快く観察を引き受けてくれたのですが，母親は妊娠後期になって実際的にも心理的にも出産への準備ができなくて，しかもKちゃんが生まれたとき，父親が急に単身赴任することになったので，実家が近くにあったものの母親は孤独な状態で不慣れな育児を始めなければなりませんでした。

　観察のはじめから母親は抱っこを負担に感じていて，急にKちゃんを観察者に手渡すことが何度もあったし，自分のおっぱいに自信が持てなかったせいか，授乳場面は一度も見せてもらえず，観察中は哺乳ビンでミルクを与えていました。観察者は，赤ちゃんが求めるものと母親が与えるものとの間に大きなズレがあることを強く感じていたのです。母親の大きな関心事は出産で中断した仕事のことであって，復職したい気持ちを早くから観察者に語っていました。

　生後4カ月に離乳食が導入されるとKちゃんは荒々しく振る舞って，食事の乗ったテーブルをドンと叩いたり，授乳中に乳首を噛まれたのでKちゃんを叩いてしまったと母親から聞かされたりして，観察者は不安な思いを抱いていました。Kちゃんの攻撃性に母親が過剰に反応していると感じながらも，それを率直に打ち明けたのは育児の大変さをわかってほしいとの気持ちが母親にあるからだとも思っていたし，実際その訴えに耳を傾けると，その後には母親がKちゃんに関心を向けるようになることにも気づいています。

　ところが生後1年で母親が復職，Kちゃんは保育園に入れられて，毎日の母子の接触時間も短くなってしまい，保育園では固まってしまったまま食事をとらなくなったりしました。それでも観察ではKちゃんはお母さんの関心を求めていたのですが，それへの母親の対応は大きくずれたものであり，たとえばKちゃんが転んで泣いたときも母親は「見てないよ，見てないよ」と応えて，Kちゃんが苦痛を表しても，それを恥と感じて痛みを受け止められなかったのです。こうしたことを繰り返し傍で見ていた観察者は抑うつ的な気分に襲われていました。

このような観察報告を聞いたセミナー仲間の反応は，わが子に関心を向けられない母親の問題——育児についての実母との葛藤とか母親自身の幼児期の苦痛などに関心が向いてしまって，母親に無視されたＫちゃんの強い不安が問題になっても，すぐに母親の対応の仕方に関心が移ってしまったのです。それはＫちゃんの不安に直面しないようにしていたと言えるし，Ｋちゃんの不安に巻き込まれていた観察者の気持ちを無視していたことにもなります。他方，観察者の方はＫちゃんの強い不安と怒りに圧倒されていたことに加えて，母親なりの努力を認めていたので，自分の混乱した気持ちをどう表していいのかわからず，時には知的に理解しようとするところもありました。

　その当時，リーダーであった私によく理解できなかったことは，観察セミナーにおける集団力動——観察者と他の参加者との関係が，不安と怒りに満ちたＫちゃんとそれを理解できない母親との関係の再現になっていて，討論が表面的には協力的であったものの，秘かに敵対的な関係になってしまっていたことです。真の問題は，この観察においてＫちゃんの原初的不安に直面することが大変であったことであって，私がその点を理解して，セミナーで起きていることを指摘できたならば，観察者の不安を抱えることに役立ち，赤ちゃんの不安を私たちが体験的に理解する機会にできただろうと，今ではとても残念に思われます。

　しかしながらこの痛切なセミナーの経験が，その後の観察セミナーの中で活かされていったことを，今回，振り返りをする中で私は気づくことができました。母親の不安よりも，赤ちゃんの不安とそれに直面する観察者の不安に焦点が当てられて，討論され理解されるようになったので，観察者はセミナーで支えられながら観察の場に臨めるようになったのです。セミナー参加者の相互関係も親密なものになりました。それだけではありません。セミナーの中で観察者と私たちセミナー仲間に新たなことが見えてきたのです。すなわち観察者への赤ちゃんの反応としての視線です。

IV 観察への赤ちゃんの反応

　赤ちゃんの原初的不安に出会うことによって，観察者が自らの中の赤ちゃんの部分と触れつつ，赤ちゃんの不安を理解できるようになることに観察の意義があるわけですが，観察者の存在は母親にとってだけでなく，赤ちゃんにとって自らのこころ，特に不安を見られて理解されることはいかなる意味をもっているのでしょうか。この問題は私たちの盲点でしたが，大きな意味があることがわかってきたのです。
　赤ちゃんは自分を見る観察者に強く反応するからです。赤ちゃんは赤の他人に見られることを怖れて，背を向けたり母親にしがみついたりするどころか，観察者をじっと凝視するのです。それも不信や警戒の眼差しではありません。見られた観察者は赤ちゃんによって自分が認められたと感じるし，母親もわが子が関心をもって観察者を見つめていると感じます。見られることが赤ちゃんにとって大切なことを，私たちが学ぶことになった観察を述べましょう。それは先に述べたKちゃんの観察の数年後に観察された，やはり困難で不安に満ちたBちゃんと母親の関係でした。

　　Bちゃんは実家や周囲と接触がない孤独で不安な母親に育てられていた，はじめから泣いてばかりいる赤ちゃんでした。母親の不安のためかお乳がすぐに出なくなったのでミルクで育てられていて，しかも抱き癖をつけないようにと外国育ちの夫から言われていたこともあって，お母さんは泣いても抱っこしませんでした。とりわけ目立ったことは，Bちゃんが母親の顔を見つめると，お母さんは「怖い，見ないで！」と言って目を合わせなかったことでした。膝の上で抱いてもBちゃんと向き合わないで必ず観察者の方に向かせたのです。すると観察者を見つめるようになって，やがて目が合うと微笑むようになったし，観察者にアイコンタクトを求めるようになったのです。観察者は目を合わせつつも，Bちゃんが自分の方ばかり見るので，母親は内心つらいだろうなとその気持ちを思いやっていました。
　　離乳が始まると，「ガンガン攻撃的」になったBちゃんに対して，母親はBの

顔を叩いたり意地悪い対応をしたりしたので，観察者は耐えがたい不安に襲われたものの見ているしかできませんでした。もっともBちゃんは攻撃的になるだけでなく，母親から見てもらいたい気持ちも強くもっていて，自由に動きまわれるようになると，物陰に隠れてから「バー」と出てきて母親の注意を引こうとしたり，母親が観察者に向かって話しこんでいると，そっと裏に回って観察者の背後から「バー」と顔を出したりしたので，それを見て母親もつい微笑んでBちゃんと目を合わしたりするようになって，観察者もほっとすることもあったのです。

　観察者はBちゃんの不安と怒りに同一化しつつも，ネグレクトや虐待のような対応もありのままに見せてくれる母親の苦しみと信頼を感じながら観察していったのです。よい母親を求めるBちゃんの気持ち，そして助けを求める母親の気持ちを観察者は感じとっていたものの，相互関係が悪化してBちゃんの心の発達が障害されるのでないかとの不安は強烈でした。それは観察セミナーの仲間にとっても同じでしたが，Bちゃんの母親へのポジティブな関わりがセミナーで確認されることによって不安な観察者は抱えられて，観察者の立場を維持することで，母子関係の改善に寄与できたと思われました。

　この観察は赤ちゃんがどんなにお母さんに見てもらいたがっているかを示しています。そして母親に認められないときの，赤ちゃんの不安を観察者が見て感じとるならば，赤ちゃんはその観察者を凝視することを示しています。おっぱいも抱っこも与えない観察者の眼差しが，赤ちゃんに重要な意味があることを私たちが認識するきっかけとなった観察でした。もっともこの観察では，観察者への凝視は母親に拒否されたアイコンタクトの代わりとしての凝視であって，視線を通して観察者に「よい母」を見ているのであろうと当時の私たちは考えたのです。

　それから数年後の2010年頃から，私が第1章で引用した事例や他の執筆者の事例でも述べられているように，観察者への赤ちゃんの凝視とアイコンタクトの意義が発見されていくことになったのです。その頃のグループには子育てを経験した母親や乳児院で働いている観察者が何人もいたので，職場での，そして育児の経験を踏まえて，観察中の赤ちゃんの凝視の

意味について討論し考えを深めていくことができたのです。日本における赤ちゃん観察の全体的経過の中で位置づけてみると，私たちが赤ちゃんの原初的不安に向き合えるようになったとき，赤ちゃんが観察者を凝視し目を合わせることに私たちは驚きをもって気づいたのです。

もっとも赤ちゃんからの凝視とアイコンタクトはそれ以前の観察でも私たちの注意を引いた赤ちゃんの反応であったのですが，それをどう考えていいのか，その意味を理解できなかったのです。実は先に述べたKちゃんの観察においても，母親や観察者への凝視は観察されていたのですが，その重要な意味が私たちに理解できるようになったのは，赤ちゃんの原初的不安に出会う観察者の不安をセミナーで受け止め抱えられるようになったときであって，そうした不安を認める観察者の眼差しが赤ちゃんに重要な意味があると考えられるようになったのです。

第1章のアリスの観察でも，母親が母乳を哺乳ビンで与えようとしたときのアリスの不安に私が巻き込まれた観察体験の次の回に，授乳中に初めて私を凝視して微笑むことが観察されたことを述べましたが，その当時，原初的不安との出会いとアイコンタクトの関連性は理解できませんでした。以上に述べたような日本での経験を踏まえてみて，アリスの凝視の意味がよく理解できるようになりました。

それでは原初的不安に出会い，それを理解しようとする観察者の存在がどうして意味あるものと感じられて赤ちゃんは凝視するのでしょうか。私は観察者にとって観察セミナーの反応が重要な意味があるのと同じようなことが，赤ちゃんと観察者の間に起きているのでないかと思っています。観察者は赤ちゃんの不安に出会い，それを抱えた状態でセミナーに報告します。みんなの反応を通して観察者には自分が抱えている不安の輪郭と意味が見えてきます。そうしたとき不安はこころの中で消化され，観察者の中で意味あるものとして収まってくるのです。

赤ちゃんは言葉で不安を伝達できませんが，泣き声，表情や身振りなどで非言語的に不安を伝えてくるのです。それが受け止められているかどうかは，観察者の表情が伝えているので観察者を凝視すると考えられます。原初的不安がわかってもらえたら，赤ちゃんは目を合わせながら微笑みま

す。安心できるからです。

　このように，日本での赤ちゃん観察は母親の見られる不安の問題から出発して，私たち観察が赤ちゃんの不安に直面するようになったとき，凝視とアイコンタクトに出会うことになったのです。それは実に興味深いことです。人から見られる不安や視線恐怖は日本文化と結びついた対人恐怖症の症状ですし，私たちは特に思春期には対人恐怖的になります。ところが赤ちゃん観察で，私たちは凝視しアイコンタクトを求める赤ちゃんに出会ったのです。

　そして凝視に応える観察者が赤ちゃんに大切な存在になってくることを私たちは繰り返し確認してきました。

　もっともそれはおっぱいと抱っこを与える母親との関係があってのことだし，母親が観察者を信頼して受け入れてくれていることが前提とされることは言うまでもありません。そうであるならば，観察者とのアイコンタクトによる関わりによって，観察が赤ちゃんのこころの成長にとってプラスの意味をもつ可能性を私たちに示唆しています。離乳期に入ってきて身動きと運動が自由にできるようになると，赤ちゃんはしきりに観察者を見たり，また愛着心をもって積極的に接近したりするようになってきます。

　それゆえに2年間の観察の終了は母親にとってのみならず，赤ちゃんにとって大切な観察者の喪失の不安を引き起こします。通常，2〜3カ月前には観察の終わりの確認を母親としますが，赤ちゃんはすぐにそれを察知します。赤ちゃんがその不安にどう対処するのかを観察することは重要なテーマになります。それは観察者にとっても苦痛を伴うことですが，観察の終わりには，赤ちゃんがあたかも2年間を振り返るような遊びをする――たとえばアルバムを取り出してきて見せたりすることは驚きと感銘を与えられる体験です。これまでに述べてきたように観察は時に非常な不安を伴いますが，2年間の観察を振り返ってみると，赤ちゃんの能動性とトラウマからの**レジリエンス（回復力）**を身近に見て深く感動する体験でもあります。

　2年間の観察が終了すると，各々の観察者は観察の経過を振り返って，何を学んだのかを観察セミナーで報告してディスカッションします。それ

は観察者が観察とセミナーでの討論を通して学んだことのフィードバックですが，観察者自身がこころの中で咀嚼し吸収するために必要なプロセスです。

　それだけでなく観察者は，観察という貴重な機会を与えて下さったお母さん（とお父さん）に，赤ちゃん観察から学んだことをフィードバックします。それはお母さんとの関わりの中で，赤ちゃんのこころがどう成長していったのかについての物語であって，ご両親と2歳になった赤ちゃんへの感謝の気持ちをこめての小さな贈り物でもあります。

　この「20年の赤ちゃん観察を振り返って」は，観察セミナーを主宰してきた私が，観察者のみなさんの報告と討論を通じて学んだことの現時点での総括と言えるものです。そして本書は赤ちゃん観察に協力して，お母さんとの出会いを可能にしてくださった医師や助産師などのかたがたへの赤ちゃん観察のフィードバックと言えるものです。そして未来志向的に，日本での赤ちゃん観察への関心を高め，それを通して三つ子の魂の理解に寄与することを願っています。

おわりに

鈴木　龍

　ようやくすべての原稿がそろって目を通しながら，よくここまで漕ぎつけたと感慨深いものがあります。これまで日本に赤ちゃん観察を定着させようと力を尽くすのみで，その体験がどんなものであるのか，それを通して何を学ぶことができるのか，そしてそれを仕事にどう生かしていけるのかについて，考える余裕がなかったのです。今回，日本における赤ちゃん観察の体験と考察に基づいて，赤ちゃんとお母さんのこころの関係を生き生きと描き，赤ちゃん観察が子育てと援助の場で，どのように役立てられているのかを，読者の皆さんにお伝えする本が出来上がりました。赤ちゃん観察の応用というよりも，観察がこころの援助そのものであることを示す数々の実例を知るのは，私にとっても新鮮な驚きと喜びでした。こうした観察の体験を発表された著者の皆さんに，そして何よりも観察の機会を与えて下さったお母さんがたにこころより感謝致します。

　本書の出版の起源は数年前にさかのぼります。上田順一，田中健夫，森椎葉と私が心理臨床学会で乳幼児観察についての自主シンポジウムを企画してみると，それへの臨床心理士の関心の強さに元気づけられて，毎年シンポジウムで討論を重ねてきました。その中から『子育てと保育と心のケアに生きる赤ちゃん観察』を出版するアイデアが誕生したのです。私たちは赤ちゃん観察が専門家の訓練と治療的援助のためだけでなく，子育て中のお母さんや保育関係者にとって大きな意義があるとの認識を共有していたのです。

　赤ちゃん観察が現代日本に定着するためには観察者の熱意だけでは十分でありません。協力してくれるお母さんや家族の存在が必要ですし，それ

を可能にする社会的条件が必要です。イギリスにおける赤ちゃん観察の起源は，第二次大戦中に母子が置かれた過酷な状況とそれへの専門的援助への社会的要求にあったと述べましたが，日本への導入についても，目に見えにくいのですが社会的必要性が背後に存在すると思われます。

　わが国が敗戦の惨状から復興し高度経済成長によって国民の生活レベルが欧米に追いついたころ，過激な学生運動が全国の学園に燃え広がりました。欧米先進国でも同時期に若者たちの闘いが繰り広げられたので，一見共通の問題意識に基づいているように見えましたが，1970年以降の家庭内暴力の頻発と激しさは日本だけに見られた病理であって，社会的に大きな関心事になりました。こうした暴力行為は思春期のこころの深層の問題の表れであって，ベストセラーになった土居健郎の『甘えの構造』や河合隼雄の『母性社会日本の病理』などは，日本の家庭では父親不在のため母と子の密着や一体感が思春期・青年期を超えても続いていて，その結びつきを断ち切る父性を求めて荒れ狂っていると，個の自立の困難を論じたのです。

　もっとも同じ頃から，小学生の登校拒否が多発するようになったので，母と子の関係のあり方が問題になってきました。「三つ子の魂百まで」が人生を通しての真実であるにしても，小学生にとって，赤ちゃんであったときの母親との関係や三つ子の魂はこころの中で生きています。おっぱいや抱っこを求める気持ちや断乳の傷つきなどの体験は小学生のこころと地続きです。お母さんから子育ての思い出を聞くことができますが，子ども本人は満2歳までの記憶を憶えていないものの，母親であれ幼児であれ，苦痛であった体験を感じとり理解するには，訓練された感性と態度を必要とします。その訓練がタビストック・クリニックでの赤ちゃん観察なのです。

　80年代後半に帰国すると日本中がバブルの絶頂に向かっていて，アメリカを追い越して世界一になったと浮かれていたものの，それと反比例するように青少年の深い絶望と母親の育児困難や虐待が深刻な問題になっていました。各種の国際比較では日本の子どもの自尊心の低さや希望のなさは，欧米のみならずアジアの中国や韓国と比べても際立っていました。青

少年たちは拒食症や過食嘔吐など西欧の若者と同じこころの病を表わしていましたが，当時目立ってきた引きこもりは日本特有の現象であって，精神科医はそれをどう診断すべきか戸惑っていました。

現代日本での「ふつうの」子育てと母子関係はどうなっているのでしょうか。赤ちゃん観察がぜひ必要であったのです。それは子どもと母親を援助する感性豊かな専門家の養成にも必要です。専門的知識を持っているからと上から目線で助言したりすると，育児に不安な母親の不安が強まってしまうし，引きこもりがちな子どもはより引きこもって接触を拒否してしまいます。

赤ちゃん観察が日本文化の壁に阻まれるとの不安に反して，医師や助産師などから赤ちゃん観察のことを聞くと，興味をもって観察者を受け入れてくれるお母さんがたがいたのは，孤独で不安な育児の中で，助言や批判をしないで赤ちゃんに関心をもつ観察者の存在が心強かったからでした。観察を受け入れてもらうとき，母親だけでなく父親にも直接説明して了承を得ることを原則にしているので，一般よりも子育てに協力的な父親がいる中での観察ですが，観察を積み重ねていくと，子育てを担う母親の不安の大きさを痛感させられます。

父親が協力的であっても，子育ての責任は母親が負うものと想定されていますし，赤ちゃんの成長がちょっとでも遅れると育て方が悪いからでないかと不安になります。何よりもお母さんは赤ちゃんの不安の受け皿になって，不安を抱えていかなければならないからです。第一子であれば慣れない育児であるから不安になるし，上に兄や姉がいれば赤ちゃんだけでなく上の子の世話も見なければなりません。

母親には夫の支えが必要不可欠なのです。ところが日本の父親の育児参加の少なさは国際比較が示す顕著な事実です。父不在の家庭で赤ん坊が何をしても泣いてばかりだと母親は傷ついて，赤ん坊に激しい憎しみを感じても自然です。赤ちゃん観察でも，虐待に近い母親の対応を見ることはありますし，自分もいつか虐待してしまうかもしれないという不安を観察者に打ち明けることはよくあることです。それを聴いてくれる人が必要なのです。

しかし本書で述べられているように，赤ちゃん観察でもっとも印象的なことは赤ちゃんの能動性です。赤ちゃんの求めているものを母親の方がわかって与えて，赤ちゃんは受動的に受け入れるものだと私たちは思いがちですが，赤ちゃんが能動的に，しかし非言語的に伝えてくるものを母親は察知して，あるいは何を伝えているのかを考えながらよく見ることが重要になります。それのみならず赤ちゃんは授乳のとき，お母さんが自分を見てくれているのか，それとも他のこと，テレビやスマホであったり，上の子のことを気にしたりしているかなどを感じとります。あたかも心がこもっていない授乳であることがわかって，その場合，授乳が済んでもすぐにぐずることがよくあるのです。

　赤ちゃんはお母さんに見られたがっているだけでなく，凝視し目を合わせることで，観察者に強い関心を示すことを私は本書で強調してきました。未知の観察者に見られたがっているのですが，それは赤ちゃんのこころに関心がある眼差しに惹きつけられると理解すべきでしょう。赤ちゃんの凝視とアイコンタクトに微笑みが伴うこともありますが，凝視だけのこともあります。日本文化では目を合わせることを避ける傾向がありますが，もしかすると赤ちゃんの凝視とアイコンタクトへの欲求に母親が応えてこなかったことに問題があるかもしれません。

　赤ちゃん観察の途中で，自ら母親になって双子の赤ちゃんを育てた鷹嘴が「見てよ，見てよ」と要求する3歳の子どもたちに，なぜかと問うたときの返答は興味深いことです。赤ちゃんの凝視は観察セミナーで繰り返し確認されてきたことでしたが，それが赤ちゃんの心の成長に重要な意義があり，育児や保育に大切な点であると思いつつも，凝視とアイコンタクトに焦点を当てすぎているのではないかとの疑問がありました。

　バブルの崩壊から20年経った2011年の東日本大地震とフクシマ原発事故が発生，それは「第二の敗戦」にたとえられたように，私たちの日常生活の基本的想定を根底から揺さぶりました。巨大な物質的破壊だけでなく，それ以上に心の外傷によるPTSDが広範囲に発生したこころの問題の方が深刻な状況でした。渡邊が小児科医として，赤ちゃん観察の観察眼を生かして，震災直後の現地で赤ちゃんと母親に関わった危機介入は実に感

動的であり，私たちに多くのことを教えてくれます。

　母親に抱かれた赤ちゃんの「背筋がぴんと伸び，しっかり首が座っている」ことを鋭く見て取って，月齢を母に問うた途端に「振り向いて目を輝かして筆者をじーっと見つめた」のです。出すぎた関わり方をして母親を傷つけたのでないかと気遣いすると母親が涙を流します。すると赤ん坊は母の方を向いて見つめ，母の胸に顔を埋めたというのです。2カ月の赤ちゃんが渡邊医師を「じーっと見つめて」，その場での母親の反応を感じ取って，母の目を見つめたのです。

　もう一人は1歳半を過ぎたのに発語もなく視線が合わないので，発達障害の可能性もあった赤ちゃんです。その子のかすかな反応を観察しつつ，それに波長を合わせて対応すると「ちらりと筆者を見た」というのです。発達障害でないと伝えると母親が安心し，子どもはそれを察して母親の膝に顔を埋めたというものです。これらの危機介入の事例は，赤ちゃんのこころに関心を持って観察する他者が赤ちゃんにとって重要な意味をもっていることを示しています。

　橋本・藤嶋のNICUでの未熟児との関わりも，不安におびえた母親の傍にいて一緒に赤ちゃんを見つめることを中心にしています。木部の母と子への関与も，母親にすがりつく小学生をよく観察することが治療であったことを示していますが，とりわけ自分自身に生じてくる感情に注意して理解しようとしたことが，重要であったことをよく示しています。観察とは母と子どもの強烈な不安を受けとめることであるのです。

　このように現代の潜在的社会的要請に赤ちゃん観察が応えている面もありますが，それと反対とも思われる現実もあります。大津波の直後に発刊されてベストセラーになった『「つなみ」の子どもたち』（森健著）で強調されたのは次のことです。「子どもたちの笑い顔に出会うことは私にとっても取材を続けるうえでの強力な動機づけになっていた。……どの家族も生活の中心には子どもの笑い顔があった。子どもの前を向く力が家族の救いだったのだ」と子どもの笑い顔がオンパレードです。取り上げられるのは主に小学生であるのですが，2カ月の赤ちゃんですら「背筋を伸ばして，しっかり首が座った」姿勢をとってトラウマに耐えている状況であったの

で，大人たちが巨大な喪失の苦痛に茫然自失であるなかで，小学生は元気な子どもを演じるしかなかったのでしょう。

　笑い顔の子どもたちとは，親や兄弟を喪った苦痛を見せないようにしていた子どもたちです。子どもたちはPTSDに苦しみ，トラウマをずっと抱えていることを著者は一切感知しなかったのでしょうか。このベストセラーの読者は子どもたちの暗い顔を想像しなかったのでしょうか。日本中が大津波と放射能による喪失感と無力感に打ちのめされていたとき，笑い顔の子どもたちの暗黒の苦痛に対して少なくとも見て見ぬふりをしたようです。それに対して少しでも余裕がある人びと，専門的な援助者もその一部ですが，その人たちが第三者として，渡邊が示したような配慮ある危機介入や関与をしていったら，子どもたちはこころの中の苦痛をわかってくれる大人がいると思えて，少しずつ苦痛が癒され希望が生じてくると思われます。

　もっとも心の援助者にとっても，大きなトラウマを抱えた被災者に寄り添い見守ることは大変なことです。援助者が累積した不安に圧倒されて燃え尽きたり，こころのバランスを失ったりする可能性は現実的危険性です。現場から少し離れて，援助者同志が互いの体験を話し合って，お互いに考えて支え合うことがぜひ必要なことは，赤ちゃん観察でのセミナーの役割を考えるとよく理解できることです。

　赤ちゃんの育児や保育，そして子どもたちのこころのケアに赤ちゃん観察が生かされていくうえで，本書がその第一歩になることをこころより願っています。

●編者略歴

鈴木　龍（すずき・りゅう）（第1章・第5章・第10章）

1969年東京大学医学部卒業。精神医学専攻。1979〜1986年，ロンドンに留学。ユング派の精神分析の訓練を受けつつ，タヴィストック・クリニック思春期部門で精神分析的精神療法の訓練を受け，その一環として乳幼児観察を行った。
1987年以来，鈴木龍クリニックにおいて精神療法中心の臨床を行い，それを並行して乳幼児観察セミナーを主宰してきて，現在に至る。
著書：『永遠の少年はどう生きるのか中年期の危機を超えて』（人文書院），訳書：DHマラン『心理療法の臨床と科学』（誠信書房），監訳『まんが サイコセラピーのお話』（金剛出版）その他

上田順一（うえだ・じゅんいち）（第7章・第8章・第5章聞き手）

慶應義塾大学・慶應義塾大学大学院修了 臨床心理士／日本精神分析学会認定心理療法士
現在，横浜市教育委員会人権教育児童生徒課学校カウンセラー(横浜市保土ケ谷区こども家庭支援相談)／武蔵野大学看護学部非常勤講師

●執筆者一覧［五十音順］

木部則雄（第2章）　　こども・思春期メンタルクリニック／白百合女子大学発達心理学科
鷹嘴真由子（第5章）　東京都スクールカウンセラー／新宿御苑心理オフィス
田中健夫（第3章）　　東京女子大学　教授，臨床心理士
橋本洋子（コラム）　　一般社団法人山王教育研究所
藤嶋加奈（第6章）　　千葉市立海浜病院新生児科　心理療法士
森　稚葉（第4章・第8章）　山梨英和大学　臨床心理士
渡邊久子（第9章）　　渡邊醫院 Watanabe Clinic

●反訳協力

堀内　毅

子育て，保育，心のケアにいきる
赤ちゃん観察

2019年3月20日　印刷
2019年3月30日　発行

編　者　鈴木　龍
　　　　上田順一
発行者　立石正信

装　画　中田　恵
装　丁　臼井新太郎
印刷・製本　三報社印刷

発行所　株式会社 金剛出版
〒112-0005　東京都文京区水道 1-5-16
電話 03-3815-6661　振替 00120-6-34848

ISBN978-4-7724-1682-5　C3011　　　　　　　　Printed in Japan ©2019

精神分析と乳幼児精神保健のフロンティア

［著］=ロバート・エムディ
［監訳］=中久喜雅文　高橋豊　生地新　［解題］=渡辺久子

●A5判　●上製　●300頁　●定価 **4,800**円+税
● ISBN978-4-7724-1655-9 C3011

フロイト，ボウルビィ，スピッツを正統に継承する
乳幼児精神保健のフロンティア
R・エムディの主要業績を一冊に纏めたセレクション。

新訂増補　母子臨床と世代間伝達

［著］=渡辺久子

●A5判　●並製　●288頁　●定価 **3,400**円+税
● ISBN978-4-7724-1511-8 C3011

子育て支援実践の理論的基盤を明らかにし
「世代間伝達」という
母子臨床における重要概念を確立した
名著の増補決定版。

子育て支援と世代間伝達
母子相互作用と心のケア

［著］=渡辺久子

●A5判　●上製　●224頁　●定価 **3,200**円+税
● ISBN978-4-7724-1042-7 C3011

乳幼児期から思春期の各段階で起こる問題を
母子の関係性の障害とし
「世代間伝達」の視点から捉えることで
問題の理解と支援を説く。